Kompaktstudium Wirtschaftswissenschaften
Band 3/1

Manz/Dahmen
Kostenrechnung

Kompaktstudium Wirtschaftswissenschaften

Band 3/1
Kostenrechnung

von

Dr. Klaus Manz

und

Dr. Andreas Dahmen

3., völlig überarbeitete und erweiterte Auflage

Verlag Franz Vahlen München

Die Deutsche Bibliothek – CIP-Einheitsaufnahme

Kompaktstudium Wirtschaftswissenschaften:
[Repetitorium]. – München : Vahlen
  ISBN 3 8006 1770 6
Bd. 3. Kostenrechnung. – 1 / von Klaus Manz und Andreas
Dahmen. – 3., völlig überarb. und erw. Aufl. – 2001
  ISBN 3 8006 2684 5

ISBN 3 8006 2684 5

© 2001 Verlag Franz Vahlen GmbH
Wilhelmstr. 9, 80801 München
Gesamtherstellung: C. H. Beck'sche Buchdruckerei (Adresse wie Verlag)
Gedruckt auf säurefreiem, alterungsbeständigem Papier
(hergestellt aus chlorfrei gebleichtem Zellstoff)

Vorwort zur Reihe Kompaktstudium

Das vorliegende Repetitorium richtet sich an alle Studenten der Wirtschaftswissenschaften, die sich zielorientiert auf die Zwischenprüfung vorbereiten oder im Rahmen ihrer Examensvorbereitung wieder einen Überblick über die Grundlagen der Allgemeinen Volks- und Betriebswirtschaftslehre erhalten wollen.

Es basiert auf den Erfahrungen, die das Repetitorium der Wirtschaftswissenschaften mit seinen Lehrunterlagen und seinen Zwischenprüfungs- und Examenskursen in den vergangenen 10 Jahren sammeln konnte. Dabei hat sich gezeigt, dass die vorhandene Literatur den Bedürfnissen des Studenten in der Prüfungsvorbereitung nur bedingt Rechnung trägt. Aufgrund des stetig wachsenden Stoffumfangs fehlt es gerade an solcher Literatur, die dem Prüfungskandidaten einen gezielten Überblick über die Prüfungsschwerpunkte vermittelt. Dies führt nicht selten dazu, dass der Prüfungskandidat gerade zu Beginn seiner Prüfungsvorbereitungen den vermeintlich unüberwindbaren "Arbeitsberg" scheut und den Einstieg in die Prüfungsvorbereitungen ständig nach hinten verschiebt.

Ziel dieses Repetitoriums ist es daher, den prüfungsrelevanten Stoff mit einfachen Worten in möglichst überschaubarer sowie verständlicher und damit leicht lernbarer Form darzustellen. Auf diese Weise soll dem Prüfungskandidaten ein solches Grundverständnis über die betriebswirtschaftlichen Theorien und die Zusammenhänge zwischen den einzelnen Teildisziplinen vermittelt werden, dass er selbständig die Lösung auch schwieriger Problembereiche erarbeiten kann.

Durch diese Zielsetzung unterscheidet sich ein Repetitorium von reinen Lehrbüchern der Allgemeinen Volks- und Betriebswirtschaftslehre. Es klammert Themen aus, die aufgrund von Bestrebungen nach Vollständigkeit in den traditionellen Lehrbüchern aufgenommen, von den Prüfungskandidaten aber eher als Ballast empfunden werden. Andere Themengebiete werden aufgrund ihrer hohen Prüfungsrelevanz ausführlicher behandelt.

Eine in dieser Form gestraffte Darstellung des Prüfungsstoffs kann allerdings nicht den Anspruch erheben, Lehrbücher der Allgemeinen Volks- und Betriebswirtschaftslehre oder gar die spezielle Literatur zu einzelnen Teildisziplinen zu ersetzen. Aber sie ermöglicht es, dem Prüfungskandidaten in vergleichsweise kurzer Zeit einen Überblick über das Stoffgebiet zu geben und zeigt ihm, welche Themenbereiche er beherrscht bzw. welche er noch vertiefend behandeln muss.

Einer Erfahrung aus den Repetitoriumskursen folgend, möchte ich abschließend die Prüfungskandidaten dazu anregen, die vom Verlag ermöglichte großzügige Gestaltung dieses Buches zu nutzen und es als echte Arbeitsunterlage mit dementsprechenden Anmerkungen, individuellen Hervorhebungen und weiterführenden Literaturhinweisen zu verwenden. In dieser Weise "zugerichtet" wird das vorliegende Buch zu einem wertvollen Instrumentarium der Prüfungsvorbereitung, zu deren erfolgreichem Gelingen ich die auch allseits benötigte Portion Glück wünsche.

Abschließend möchte ich Herrn Dipl.-Soziologe Dipl.-Volkswirt Frank Tibitanzl für seinen unermüdlichen Einsatz bei der technischen Gestaltung herzlich danken.

Frankfurt, im Juni 1993   Klaus Manz

Vorwort zu diesem Band

Das vorliegende Repetitorium soll den Studenten der Wirtschaftswissenschaften im Grundstudium nicht nur in das Fachgebiet Kosten- und Leistungsrechnung einführen, sondern ihn auch gleichzeitig auf die entsprechende Prüfung vorbereiten. Dazu wird eine ausführliche Erläuterung sowohl der elementaren Grundlagen der Kosten- und Leistungsrechnung als auch eine Darstellung schwieriger Bereiche vorgenommen, um dem Leser den Einstieg in weiterführende Ansätze zu ermöglichen. Beispiele erleichtern dabei das Verständnis.

Der große Erfolg der beiden ersten Auflagen macht nun eine dritte Auflage möglich. Für die vielen Anregungen und Vorschläge für Verbesserungen möchten wir uns an dieser Stelle bedanken. Aufgrund der fortgeschrittenen Forschung und praxisorientierten Weiterentwicklung im Bereich der Kosten- und Leistungsrechnung wurde eine Überarbeitung und Ergänzung der Auflage notwendig.

Die Konzeption des nun vorliegenden Bandes Kosten- und Leistungsrechnung beruht nun auf einer strikten Trennung des Bereichs Kosten- und Leistungsrechnung vom Bereich Controlling. Dies ist deshalb sinnvoll, um die Weiterentwicklungen der Kosten- und Leistungsrechnung in einem Band komplett unterbringen zu können. Außerdem hat sich das Controlling immer mehr von der eigentlichen Kosten- und Leistungsrechnung gelöst und ist so zu einer eigenständigen Disziplin geworden. Der Leser findet deshalb die Themen zum Bereich Controlling in einem eigenständigen, demnächst erscheinenden Band.

Einerseits wurden die bisherigen Kapitel im Band Kosten- und Leistungsrechnung, die sich mit den bewährten operativen Instrumenten der Kosten- und Leistungsrechnung beschäftigen, vollständig überarbeitet und thematisch ergänzt. Andererseits wurde ein neues Kapitel Strategische Instrumente aufgenommen. Dieses Kapitel beinhaltet eine ausführliche Darstellung der Prozesskostenrechnung und des Target Costing. Zwei Instrumente, die in der letzten Zeit verstärkt in den Vordergrund der Diskussion und Anwendung im Rahmen der Kosten- und Leistungsrechnung gerückt sind.

Darüber hinaus wurden etliche neue Beispiele zur Verdeutlichung der Thematik eingefügt. Auch der Aufgabenteil mit den Lösungshinweisen wurde überarbeitet und erheblich erweitert.

Wir danken an dieser Stelle besonders den Herren Dr. Volker Breid, Dr. Tilmann Bronner, Dr. Hans-Achim Daschmann und Dr. Ingo Koch, den Autoren der ersten beiden Auflagen, für die Konzepterstellung und Systematisierung dieses Bandes, die auch wieder Grundlage für diese 3. Auflage darstellten.

Herrn Karsten Schudt danken wir auch für seine kritischen Anmerkungen zum Manuskript, die für die Fertigstellung dieser Auflage sehr hilfreich waren. Frau Elke Boßerhoff gebührt auch unser Dank für wichtige Hilfestellungen bei der Erstellung der Graphiken und für die Korrektur.

Wir hoffen, mit dieser Auflage dem Leser wieder eine für seine Prüfungsvorbereitung hilfreiche Darstellung an die Hand geben zu können.

Frankfurt, im Oktober 2000   Andreas Dahmen

Inhaltsverzeichnis

Vorwort zur Reihe Kompaktstudium V

Vorwort zu diesem Band VII

Inhaltsverzeichnis IX

Einleitung 1

1. Grundlagen der Kosten- und Leistungsrechnung 3
   1.1 Stellung der Kosten- und Leistungsrechnung im betrieblichen Rechnungswesen 3
      1.1.1 Betriebliches Rechnungswesen 3
      1.1.2 Unterschiede zwischen externem und internem Rechnungswesen .. 3
      1.1.3 Einordnung der Kosten- und Leistungsrechnung 4
   1.2 Rechnungsziele der Kosten- und Leistungsrechnung 5
   1.3 Grundlegende Begriffe der Kosten- und Leistungsrechnung 6
      1.3.1 Grundbegriffe der Kosten- und Leistungsrechnung und deren Abgrenzung 6
      1.3.2 Wesentliche Kostenbegriffe 8

2. Ablauf der Kostenrechnung 10
   2.1 Kostenartenrechnung 11
      2.1.1 Prinzipien der Kostenerfassung und -verteilung 11
      2.1.2 Aufgaben der Kostenartenrechnung 12
      2.1.3 Gliederung der Kostenarten 12
      2.1.4 Erfassung ausgewählter Kostenarten 15
         2.1.4.1 Werkstoffkosten 15
         2.1.4.2 Personalkosten 17
         2.1.4.3 Betriebsmittelkosten 17
         2.1.4.4 Fremdleistungskosten 21
         2.1.4.5 Abgaben an die öffentliche Hand 21
         2.1.4.6 Kalkulatorische Kosten 21
   2.2 Kostenstellenrechnung 27
      2.2.1 Aufgaben der Kostenstellenrechnung 27
      2.2.2 Kostenstellenbildung 27
      2.2.3 Ablauf der Kostenstellenrechnung 28
      2.2.4 Verfahren der innerbetrieblichen Leistungsverrechnung 29
         2.2.4.1 Typen innerbetrieblicher Leistungsverflechtungen 29
         2.2.4.2 Einseitige, einstufige Leistungsverflechtung 30
         2.2.4.3 Einseitige, mehrstufige Leistungsverflechtung 31
         2.2.4.4 Gegenseitige Leistungsverflechtung 34

2.3 Kostenträgerrechnung 35
  2.3.1 Aufgaben der Kostenträgerrechnung 36
  2.3.2 Kostenträgerstückrechnung 36
    2.3.2.1 Divisionskalkulation 37
    2.3.2.2 Äquivalenzziffernkalkulation 39
    2.3.2.3 Zuschlagskalkulation 40
  2.3.3 Kostenträgerzeitrechnung und kurzfristige Erfolgsrechnung 45
    2.3.3.1 Aufgaben und Merkmale 45
    2.3.3.2 Gesamtkostenverfahren 45
    2.3.3.3 Umsatzkostenverfahren 46

3. Traditionelle Systeme der Kostenrechnung 48
  3.1 Überblick über die traditionellen Kostenrechnungssysteme 48
  3.2 Vollkostenrechnung 49
    3.2.1 Ablauf der Vollkostenrechnung 50
    3.2.2 Mängel der Vollkostenrechnung 51
  3.3 Teilkostenrechnung 54
    3.3.1 Ablauf der Teilkostenrechnung 54
    3.3.2 Systeme der Teilkostenrechnung 56
    3.3.3 Teilkostenrechnung auf Basis variabler Kosten 57
      3.3.3.1 Kostenträgerrechnung auf Basis variabler Kosten 57
      3.3.3.2 Anwendungsmöglichkeiten der Teilkostenrechnung auf Basis variabler Kosten 60
    3.3.4 Teilkostenrechnung auf Basis relativer Einzelkosten 64
      3.3.4.1 Grundprinzipien der Teilkostenrechnung auf Basis relativer Einzelkosten 64
      3.3.4.2 Grundrechnung als kombinierte Kostenarten-, Kostenstellen- und Kostenträgerrechnung 65
      3.3.4.3 Auswertungsrechnungen für Kontroll- und Planungszwecke 68
    3.3.5 Unterschiede zwischen der Teilkostenrechnung auf Basis variabler Kosten und auf Basis relativer Einzelkosten 70
  3.4 Unterschiede zwischen Teilkostenrechnung und Vollkostenrechnung 70
    3.4.1 Unterschiede bei der Ermittlung des Betriebsergebnisses 71
    3.4.2 Art und Umfang der Kostenabbildung 73
    3.4.3 Unterschiede in der Anwendbarkeit 73
  3.5 Plankostenrechnung 74
    3.5.1 Plankostenrechnung auf Vollkostenbasis 75
      3.5.1.1 Formen der Plankostenrechnung auf Vollkostenbasis 75
      3.5.1.2 Kostenplanung auf Vollkostenbasis 76
      3.5.1.3 Kostenkontrolle und Abweichungsanalyse auf Vollkostenbasis 78
    3.5.2 Starre Plankostenrechnung auf Vollkostenbasis 79
    3.5.3 Flexible Plankostenrechnung auf Vollkostenbasis 80
      3.5.3.1 Einfache flexible Plankostenrechnung 80
      3.5.3.2 Mehrfache flexible Plankostenrechnung 83
    3.5.4 Flexible Plankostenrechnung auf Teilkostenbasis 86

4. Strategische Instrumente der Kostenrechnung 88
4.1 Prozesskostenrechnung 88
4.1.1 Ablauf der Prozesskostenrechnung 89
4.1.1.1 Identifizierung der Prozesse 89
4.1.1.2 Zuordnung von Kosten 90
4.1.1.3 Ermittlung der Kostentreiber 91
4.1.1.4 Ermittlung der Prozesskostensätze 91
4.1.1.5 Zusammenfassung zu Hauptprozessen 92
4.1.2 Einsatzmöglichkeiten der Prozesskostenrechnung 94
4.1.2.1 Gemeinkostenmanagement 95
4.1.2.2 Strategische Kalkulation 95
4.1.2.3 Kundenprofitabilitätsanalyse 97
4.1.3 Kritische Würdigung der Prozesskostenrechnung 97
4.1.3.1 Anspruch der Prozesskostenrechnung 97
4.1.3.2 Einsatz als operatives Planungsinstrument 98
4.1.3.3 Einsatz als strategisches Planungsinstrument 99
4.2 Target Costing 100
4.2.1 Ablauf des Target Costing 101
4.2.1.1 Zielkostenfindungsphase (Zielkostenbestimmung) 101
4.2.1.2 Zielkostenerreichungsphase (Zielkostenverfolgung) 103
4.2.2 Beurteilung des Target Costing 107

Zusammenfassung 109

Übungsaufgaben 111

Lösungshinweise 127

Literaturverzeichnis 135

Sachverzeichnis 137

Einleitung

Das vorliegende Repetitorium soll den Studenten der Wirtschaftswissenschaften im Grundstudium nicht nur in das Fachgebiet Kosten- und Leistungsrechnung einführen, sondern ihn auch gleichzeitig auf die entsprechende Prüfung vorbereiten. Dazu wird eine ausführliche Erläuterung der elementaren Grundlagen der Kostenrechnung sowie auch eine ausführliche Darstellung angewandter Instrumente vorgenommen, um dem Leser den Einstieg in weiterführende Ansätze zu ermöglichen. Beispiele erleichtern dabei das Verständnis.

Zunächst werden die Grundlagen der Kosten- und Leistungsrechnung (Kap. 1) erläutert, weil sie für das Verständnis der nachfolgend beschriebenen Instrumente der Kostenrechnung unabdingbar sind.

Die Darstellung von Instrumenten zur Ermittlung kostenrelevanter Entscheidungsgrößen gliedert sich in die Verfahren, die unabhängig von bestimmten Kostenrechnungssystemen anzuwenden sind (Kap. 2), in Verfahren, die abhängig sind von bestimmten Kostenrechnungssystemen (Kap. 3) und in die Verfahren, die für strategische Entscheidungen eingesetzt werden können (Kap. 4).

Zunächst erfolgt im zweiten Kapitel die Beschreibung der Instrumente, die im Rahmen der Kostenartenrechnung Anwendung finden. Daran schließt sich die Vorgehensweise der Kostenstellenrechnung einschließlich der Anwendung des Betriebsabrechnungsbogens (BAB) an. Zuletzt werden die Verfahren der Kostenträgerrechnung dargestellt, aufgeteilt in die Kostenträgerstückrechnung und Kostenträgerzeitrechnung.

Im dritten Kapitel werden die Systeme der Kostenrechnung beschrieben. Hierzu gehört vor allem eine kurze Bestandsaufnahme der Systeme und ihre kritische Beleuchtung. Schwerpunktmäßig erfolgt eine Darstellung der Vollkostenrechnung, Teilkostenrechnung und Plankostenrechnung.

Das vierte Kapitel beschäftigt sich mit Instrumenten der Kostenrechnung, die vor allem für die Unterstützung strategischer Entscheidungen entwickelt wurden. Hierzu gehören vor allem die Prozesskostenrechnung und das Target Costing.

1. Grundlagen der Kosten- und Leistungsrechnung

1.1 Stellung der Kosten- und Leistungsrechnung im betrieblichen Rechnungswesen

1.1.1 Betriebliches Rechnungswesen

Trotz seiner zentralen Stellung in der Betriebswirtschaftslehre und der Wirtschaftspraxis gibt es keine einheitliche Auffassung über den Begriff des Rechnungswesens. Als zentrale Aufgabe des Rechnungswesens wird jedoch häufig die Beschäftigung mit der zahlenmäßigen Abbildung und Gestaltung des Unternehmensprozesses angesehen.

Das *betriebliche Rechnungswesen* kann daher im weiteren Sinne verstanden werden als die systematische, regelmäßig oder fallweise durchgeführte

- Erfassung,
- Aufbereitung,
- Auswertung und
- Übermittlung

der das Betriebsgeschehen betreffenden quantitativen Daten (Mengen- und Wertgrößen).

Diese sollen für

- Planungs-,
- Steuerungs- und
- Kontrollzwecke

innerhalb des Betriebes sowie zur Information und Beeinflussung von Außenstehenden (z. B. Eigenkapitalgebern, Gläubigern, Gewerkschaften, Kommunen) verwendet werden. Üblicherweise unterscheidet man dabei zwischen intern und extern ausgerichteten Teilbereichen des betrieblichen Rechnungswesens.

1.1.2 Unterschiede zwischen externem und internem Rechnungswesen

Das *externe Rechnungswesen* bildet die Vorgänge finanzieller Art ab, die zwischen dem Unternehmen und seiner Umwelt entstehen. Dabei handelt es sich hauptsächlich um Einkaufs- und Absatzvorgänge des Unternehmens einschließlich der damit verbundenen Geldzu- und -abflüsse (leistungswirtschaftliche Seite) sowie um die lediglich finanzwirtschaftlich bedingten Zahlungsströme (finanzwirtschaftliche Seite).

Dagegen besteht die Hauptaufgabe des *internen Rechnungswesens* darin, den Verzehr von Produktionsfaktoren und die damit verbundene Entstehung von Leistungen mengen- und wertmäßig zu erfassen und die Wirtschaftlichkeit der Leistungserstellung zu überwachen.

Im Folgenden sollen die wichtigsten *Unterschiede zwischen internem und externem Rechungswesen* kurz in der Übersicht 1.1 gegenübergestellt werden.

Kriterium	Externes Rechnungswesen	Internes Rechnungswesen
Adressaten	Kapitalgeber (EK u. FK), Fiskus, Arbeitnehmer (-vertreter), regionale Institutionen, Kommunen, Unternehmensleitung	Unternehmensleitung, Unternehmensbereiche, Unternehmensangehörige auf verschiedenen Ebenen
Informationsgegenstand	Erfassen von Vorgängen finanzieller Art zwischen dem Unternehmen und seiner Umwelt	Abbilden des Verzehrs von Produktionsfaktoren und der Entstehung von Leistungen
Rechnungsziel	vergangenheitsorientierte Dokumentation und Rechenschaftslegung	Planung, Steuerung und Kontrolle des Betriebsgeschehens
Reglementierung	umfangreiche handels- und steuerrechtliche Regeln, handels- und steuerrechtliche Aspekte	kaum gesetzliche Vorschriften, Zweckorientierung, BWL-Aspekte
Erfassungsbereich	gesamtes wirtschaftliches Unternehmensgeschehen	Beschränkung auf den Betrieb
Zeithorizont	i. d. R. jährlich	kürzere Perioden
Rechnungstyp	pagatorische Kosten	kalkulatorische Kosten
Bezugsgrößen	Perioden und Zeitpunkte (GuV) (Bilanz)	Perioden und Produkte
Wertansatz	realisierte bzw. künftige Erträge und Aufwendungen	rechnungs- und entscheidungszielabhängige Größen
Zeitbezug	ex-post Rechnung	ex-ante und ex-post Rechnung

Übers. 1.1: Zusammenfassung der Unterschiede zwischen externem und internem Rechnungswesen

1.1.3 Einordnung der Kosten- und Leistungsrechnung

Die Kosten- und Leistungsrechnung ist Bestandteil des *internen Rechnungswesens*, denn sie berichtet über den innerbetrieblichen Kombinationsprozess der eingesetzten Produktionsfaktoren. Die Kosten- und Leistungsrechnung ist

- eine kalkulatorische Rechnung, die nicht auf Zahlungsmittelbewegungen aufbaut (pagatorische Rechnung), sondern an Realgüterbewegungen anknüpft,
- eine vorwiegend kurzfristige Rechnung, die anders als die Investitionsrechnung ohne eine Diskontierung von Zahlungsströmen mit unterschiedlichem zeitlichen Anfall arbeitet,
- eine Erfolgsrechnung, bei der durch Gegenüberstellung des bewerteten Güterverzehrs und des Wertes der erstellten Leistungen ein kalkulatorischer Erfolg ermittelt wird,
- vorwiegend eine laufend (regelmäßig) erstellte Rechnung, durch die das Zahlenmaterial kontinuierlich erfasst und aufbereitet werden soll. Daneben werden aber auch fallweise Sonderrechnungen durchgeführt,
- nicht gesetzlich vorgeschrieben. Es handelt sich vielmehr um eine freiwillig durchgeführte Rechnung, die auf dem freien Entschluss der Unternehmensleitung beruht.

1.2 Rechnungsziele der Kosten- und Leistungsrechnung

Mit der Kosten- und Leistungsrechnung können unterschiedliche *Rechnungsziele* verfolgt werden, im Wesentlichen handelt es sich dabei um die *Abbildung* (Dokumentation), die *Planung und Steuerung* sowie die *Kontrolle* des Unternehmensprozesses. Sollen mehrere Rechnungsziele gleichzeitig verfolgt werden, so ist die Verwendung mehrerer Kostenrechnungssysteme erforderlich.

Die (ausschnittsweise) Abbildung des Unternehmensprozesses kann sich sowohl auf bereits realisierte Prozesse (Nachrechnung) als auch auf zukünftige Prozesse (Vorrechnung) beziehen. Die *Ermittlung realisierter Kosten* kann dabei auf die realisierten Periodenkosten oder die Kosten je Ausbringungseinheit (Kalkulation) ausgerichtet sein.

Planung und Steuerung sind durch ihre Zielbezogenheit charakterisiert. Als Zielvorstellungen kommen dabei z. B. Kostenminimierung, Leistungsmaximierung, oder Vermögenswertmaximierung in Frage. Die Bestimmung der kostenmäßigen Konsequenzen verschiedener betrieblicher Entscheidungsalternativen durch die Kosten- und Leistungsrechnung spielt dabei bei folgenden Planungs- und Steuerungsproblemen eine wichtige Rolle:

- Bestimmung des Produktions-, Beschaffungs-, Finanzierungs- und Absatzprogramms,
- Bestimmung von Bestellmengen und Losgrößen,
- Entscheidung über Eigenfertigung oder Fremdbezug,
- Verkauf von Zwischenprodukten,
- Annahme oder Ablehnung von Zusatzaufträgen,
- Preiskalkulation und kostenorientierte Preisbestimmung bei öffentlichen Aufträgen,
- Preisbegrenzung auf der Basis von Kostengrößen (Preisuntergrenzen für den Verkauf, Preisobergrenzen für den Einkauf),
- Bestimmung von innerbetrieblichen Verrechnungspreisen.

Die *Kostenkontrolle* nimmt die Auswertung der abgebildeten Kosteninformationen vor. Hier kann zwischen drei Arten des Kostenvergleichs unterschieden werden:

1. Zeitvergleich,
2. Soll-Ist-Vergleich,
3. Betriebsvergleich.

Dabei zählen der Zeitvergleich und der Soll-Ist-Vergleich zur *innerbetrieblichen Kostenkontrolle*. Sie dient zur Überwachung der Kosten und damit der Wirtschaftlichkeit sowie zur Feststellung der Abweichungen zwischen den Kosten und ihren Vergleichsgrößen. Beim Betriebsvergleich werden Kostenzahlen anderer Unternehmen den eigenen Kostengrößen gegenübergestellt, um die wirtschaftliche Lage des eigenen Unternehmens im Vergleich zu anderen Unternehmen oder zum Branchendurchschnitt zu beurteilen.

Die sonstigen Rechnungsziele werden häufig auch als Sonder- oder Nebenzwecke der Kostenrechnung bezeichnet, zu ihnen zählen u. a.:

- die Bewertung von Halb- und Fertigerzeugnissen sowie von selbsterstellten Anlagen für die Zwecke der Bilanzierung bzw. der Besteuerung,
- die Bestimmung von Entschädigungssummen (z. B. Schadensfeststellung bei Versicherungsschäden),
- die Durchführung von Vergleichen verschiedener Herstellungsverfahren,

- sonstige Rechnungsziele wie z. B. Lieferantenauswahl, Wahl der Intensität von Maschinen etc.

Zur Verfolgung der sonstigen Rechnungsziele sind meist Sonder- oder Auswertungsrechnungen erforderlich.

1.3 Grundlegende Begriffe der Kosten- und Leistungsrechnung

1.3.1 Grundbegriffe der Kosten- und Leistungsrechnung und deren Abgrenzung

Im Folgenden soll kurz auf einige Grundbegriffe der Kosten- und Leistungsrechnung sowie deren Abgrenzung zu Begriffen aus anderen Gebieten des Rechnungswesens eingegangen werden.

Begriffspaar der Stromgrößen	Zugehörige Bestandsrechnung	Gebiet des Rechnungswesens
Einzahlungen/ Auszahlungen	Geldbestandsrechnung (Zahlungsmittel)	Liquiditätsrechnung
Einnahmen/Ausgaben	Geld-, Forderungs- und Kreditbestandsrechnung (Geldvermögen)	Finanzierungsrechnung
Ertrag/Aufwand	Vermögens- und Kapitalrechnung (Gesamtvermögen)	Jahresabschlussrechnung (Bilanz und GuV)
Leistungen/Kosten	kalkulatorische Vermögens- und Kapitalrechnung (betriebsnotwendiges Vermögen)	Kosten- und Leistungsrechnung/ Betriebsergebnisrechnung

Übers. 1.2: Überblick über Teilgebiete des Rechnungswesens und zugehörige Stromgrößen

Definitionen der Grundbegriffe

Auszahlung: Effektiver Abfluss von Geldmitteln als Verminderung des Bar- oder Buchgeldbestandes.

Einzahlung: Effektiver Zufluss von Geldmitteln als Erhöhung des Bar- oder Buchgeldbestandes.

Ausgabe: Wert aller Wirtschaftsgüter, die einem Unternehmen in einer Periode zugegangen sind, unabhängig davon, ob die Auszahlungen hierfür bereits in einer Vorperiode angefallen sind oder erst in einer Folgeperiode anfallen werden (periodisierte Auszahlungen).

Einnahme: Wert aller Wirtschaftsgüter, die von einem Unternehmen in einer Periode abgegeben wurden, unabhängig davon, ob die Einzahlungen hierfür bereits in einer Vorperiode eingegangen sind oder erst in einer Folgeperiode eingehen (periodisierte Einzahlungen).

Aufwand: Werteverzehr einer bestimmten Abrechnungsperiode, der in der Finanz- und Geschäftsbuchhaltung erfasst und am Jahresende in der GuV ausgewiesen wird (periodisierte, erfolgswirksame Ausgaben).

Ertrag: Wertezuwachs einer bestimmten Abrechnungsperiode, der in der Finanz- und Geschäftsbuchhaltung erfasst und am Jahresende in der GuV ausgewiesen wird (periodisierte, erfolgswirksame Einnahmen).

Kosten: Bewerteter, durch die Leistungserstellung bedingter Güter- oder Dienstleistungsverzehr einer Periode (betrieblicher, periodenbezogener, ordentlicher Aufwand).

Leistung: Wert der in einer Periode erstellten betrieblichen Güter und Dienstleistungen (betrieblicher, periodenbezogener, ordentlicher Ertrag).

Insbesondere die Abgrenzung von Aufwand und Kosten bereitet immer wieder Schwierigkeiten, deshalb soll an dieser Stelle anhand der Übersicht 1.3 etwas näher darauf eingegangen werden.

	Gesamter Aufwand		
neutraler Aufwand	Zweckaufwand		
	als Kosten verrechneter Zweckaufwand	nicht als Kosten verrechneter Zweckaufwand	
	Grundkosten	Anderskosten	Zusatzkosten
		Kalkulatorische Kosten	
	Gesamte Kosten		

Übers. 1.3: Abgrenzung zwischen Aufwand und Kosten

Als *Zweckaufwand* wird der Teil des Aufwands bezeichnet, der betriebsbedingt in der Periode anfällt (betriebs- u. periodenbezogen) und im Rahmen der üblichen Tätigkeit zu erwarten ist (ordentlich) (z. B. Materialverbrauch, Fertigungslohn). Der Teil des Zweckaufwandes, der betragsgleich als Kosten verrechnet wird, repräsentiert die *Grundkosten*. Vom Zweckaufwand zu unterscheiden ist der *neutrale Aufwand*, der aus folgenden Arten von Aufwand bestehen kann:

- **betriebsfremder Aufwand**: dient nicht dem Erreichen des betrieblichen Hauptzwecks (z. B. Spenden, Aufwand für betriebliche Sportanlagen etc.);
- **periodenfremder Aufwand**: wird in einer anderen Periode als der Güterverzehr erfolgswirksam erfasst und bewirkt somit keine Kosten (z. B. Steuernachbelastungen);
- **außerordentlicher Aufwand**: steht zwar im Zusammenhang mit dem Betriebszweck, würde aber wegen des unvorhersehbaren Eintritts (z. B. Gebäudereparaturen) oder der außerordentlichen Höhe (z. B. Feuerschäden) bei einer Erfassung die Aussagefähigkeit der Kosten- und Leistungsrechnung beeinträchtigen.

Unter *kalkulatorischen Kosten* versteht man Kosten, denen entweder überhaupt kein Aufwand (*Zusatzkosten*) oder Aufwand in einer anderen Höhe (*Anderskosten*) gegenübersteht.

Über das Rechnen mit *Zusatzkosten* wird versucht, die eigene Kostensituation mit derjenigen verwandter Betriebe vergleichbar zu machen. Dabei werden Opportunitätskosten berücksichtigt, die den Nutzen widerspiegeln sollen, der dem Unternehmen dadurch entgeht, dass die eingesetzten Produktionsfaktoren durch ihren Einsatz im Unternehmen von einer anderweitigen Verwendung ausgeschlossen sind.

Beispiele für Zusatzkosten sind:

- **kalkulatorischer Unternehmerlohn** (Entgelte für die Mitarbeit des Inhabers bei Personengesellschaften und Einzelunternehmen, die dafür keinen Aufwand geltend machen können);
- **kalkulatorische Eigenkapitalzinsen** (Zinsen für das in der Unternehmung eingesetzte Eigenkapital, für das keine verpflichtenden Zinszahlungen zu leisten sind);
- **kalkulatorische Miete** (Mietwert der betrieblich genutzten Räume, die dem Unternehmen gehören und für die daher keine Miete zu zahlen ist).

Anderskosten ergeben sich aufgrund einer **abweichenden Bewertung des Güterverbrauchs** in der pagatorischen und der kalkulatorischen Rechnung. Beispiele für Anderskosten sind:

- **kalkulatorische Abschreibungen** (in der Kostenrechnung auf Basis von Wiederbeschaffungswerten, in der Gewinn- und Verlustrechnung auf Basis von Anschaffungskosten);
- **kalkulatorische Zinsen** (tatsächlich gezahlte Fremdkapitalzinsen in der Gewinn- und Verlustrechnung/Fremdkapitalzinsen Zinsen auf Basis eines kalkulatorischen Zinssatzes auf das durchschnittlich gebundene Kapital in der Kostenrechnung);
- **kalkulatorische Wagnisse** (Wert der eingetretenen Wagnisse in der Gewinn- und Verlustrechnung/geglättete Durchschnittswerte in der Kostenrechnung).

1.3.2 Wesentliche Kostenbegriffe

Das Rechnen mit Kosten macht eine eindeutige Begriffsbestimmung erforderlich, die festlegt, was unter Kosten zu verstehen ist. Dabei ergibt sich das Dilemma, dass ein Kostenbegriff einerseits eindeutig, andererseits aber auch flexibel und anpassungsfähig sein soll. Man unterscheidet *allgemeine Kostenbegriffe*, die je nach Rechnungszweck noch näher bestimmt werden müssen, denen also noch keine präzise Zielfunktion zugrunde liegt, und *spezielle Kostenbegriffe*, die bereits eine präzise Zielfunktion beinhalten. Zu den *allgemeinen Kostenbegriffen* zählen der wertmäßige und der pagatorische Kostenbegriff:

Wertmäßiger Kostenbegriff (*E. Schmalenbach*):

Kosten sind der bewertete Verzehr von Gütern und Dienstleistungen (einschließlich öffentlicher Abgaben), der zur Erstellung und zum Absatz der betrieblichen Leistung sowie zur Aufrechterhaltung der Betriebsbereitschaft erforderlich ist.

Die wichtigsten Merkmale des wertmäßigen Kostenbegriffs sind:

- **Güterverzehr**: Kosten entstehen nicht durch die Anschaffung von Produktionsfaktoren, sondern durch deren Verzehr, d. h. eine Erhöhung des Lagerbestandes an Rohstoffen führt nicht zu Kosten, sondern erst der Verbrauch dieser Stoffe.
- **Leistungsbezogenheit des Güterverzehrs**: Die Vermögensminderung muss aus einem Güterverbrauch resultieren, der zum Zweck der betrieblichen Leistungserstellung und -verwertung bzw. zur Aufrechterhaltung der Betriebsbereitschaft erfolgt ist. Eine Spende stellt daher keine Kosten dar.
- **Bewertung des Güterverzehrs**: Die Bewertung des Güterverbrauchs ist erforderlich, damit unterschiedliche Gütermengen vergleichbar werden.

Pagatorischer Kostenbegriff (*H. Koch*):

Kosten sind die mit der Herstellung und dem Absatz der betrieblichen Leistung bzw. mit der Aufrechterhaltung der Betriebsbereitschaft einer Periode verbundenen nicht kompensierten Ausgaben.

Die wichtigsten Merkmale dieses Kostenbegriffs sind:

- **Ausgaben**: Es müssen also tatsächlich Ausgaben vorliegen, d. h. lediglich ein Nutzenentgang wird nicht als Kosten angesehen.
- **Leistungsbezogenheit der Ausgaben**: wie bei wertmäßigem Kostenbegriff.
- **Nicht kompensierte Ausgaben**: Zu den Kosten zählen also nicht die mit der Gewährung eines Kredits oder mit der Tilgung eines Kredits verbundenen Ausgaben.

Der Unterschied zwischen den beiden Kostenbegriffen zeigt sich insbesondere in der *Behandlung der Zusatzkosten*. Gemäß dem *wertmäßigen Kostenbegriff* sind Zusatzkosten als *Kostenbestandteile* anzusehen, so dass auch die Opportunitätskosten des Nutzenentgangs angesetzt werden müssen. Dagegen zählen die Zusatzkosten aus Sicht des *pagatorischen Kostenbegriffs* zu den *Gewinnbestandteilen*, weil ihnen keine Ausgaben gegenüberstehen.

Dem entscheidungsorientierten Kostenbegriff als Beispiel für einen *speziellen Kostenbegriff*, der sich ebenfalls an Ausgaben orientiert, liegt die präzise Zielfunktion der Vorbereitung und Kontrolle von Entscheidungen zugrunde.

Entscheidungsorientierter Kostenbegriff (*P. Riebel*):

Kosten sind die mit der Entscheidung über das betrachtete Untersuchungsobjekt ausgelösten Ausgaben (einschließlich Ausgabenverpflichtungen).

2. Ablauf der Kostenrechnung

Obwohl dieser Band die Darstellung der Kosten- und Leistungsrechnung zum Inhalt hat, wird im Folgenden einfach von Kostenrechnung gesprochen, da sich die meisten beschriebenen Instrumente eher mit den Kosten als mit den korrespondierenden Leistungen beschäftigen. Die so betrachtete Kostenrechnung vollzieht sich in drei Schritten. Zunächst sind alle in der Abrechnungsperiode angefallenen Kosten zu erfassen und nach verschiedenen Kostenarten zu gliedern. Dies erfolgt in der *Kostenartenrechnung* mit Hilfe der folgenden Fragestellung:

Welche Kosten sind in welcher Höhe angefallen?

Im nächsten Schritt wird untersucht, an welchen Stellen bzw. in welchen Bereichen des Unternehmens die Kosten entstanden sind. Dies geschieht im Rahmen der *Kostenstellenrechnung*. Dort werden die in der Kostenartenrechnung erfassten und gegliederten Kosten auf die Betriebsbereiche (Kostenstellen) verteilt, durch die sie verursacht worden sind. Die zugrunde liegende Frage lautet:

Wo sind die Kosten angefallen?

Der letzte Schritt besteht in der Verteilung der Kosten auf die Kostenträger (Leistungseinheiten), deren Entstehung letztlich den Kostenanfall verursacht hat. Diese Aufgabe übernimmt die *Kostenträgerrechnung*, in der zum einen die für eine erstellte Leistungseinheit angefallenen Kosten ermittelt werden sollen (*Kostenträgerstückrechnung*). Die dabei zu beantwortende Frage lautet:

Wofür sind die Kosten angefallen?

Zum anderen wird durch die Einbeziehung der Erlöse der Betriebserfolg einer Abrechnungsperiode bestimmt (*Kostenträgerzeitrechnung*).

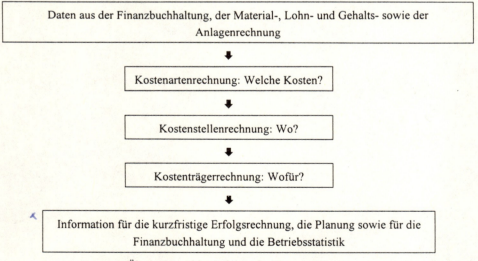

Übers. 2.1: Ablaufschema der Kostenrechnung

2.1 Kostenartenrechnung

2.1.1 Prinzipien der Kostenerfassung und -verteilung

Die Erfassung der Kosten im Rahmen der Kostenartenrechnung bildet die Grundlage der betrieblichen Kostenrechnung. Aufgrund ihrer Bedeutung für alle nachfolgenden Rechenvorgänge sind die folgenden *Anforderungen* an die Kostenerfassung zu stellen:

- sie hat die realen Gegebenheiten möglichst strukturgleich in Kostenzahlen abzubilden,
- sie muss anhand von Belegen eindeutig nachprüfbar sein,
- sie muss vollständig, genau und aktuell erfolgen,
- sie unterliegt den Prinzipen der Wirtschaftlichkeit und der Flexibilität,
- sie soll Angaben bezüglich der Periodenzuordnung und des Ausgabencharakters der Kosten machen.

- **Verursachungsprinzip**

Als Grundprinzip der Kostenverteilung in einer entscheidungsorientierten Kostenrechnung wird das auf *E. Schmalenbach* zurückgehende Verursachungsprinzip angesehen.

Es besagt, dass jedes Kalkulationsobjekt jene Kosten tragen muss, die es verursacht hat. Kosten dürfen also nur Kostenstellen und Kostenträgern zugerechnet werden, die diese Kosten tatsächlich verursacht haben. Aufgrund seiner inhaltlichen Unbestimmtheit gab es verschiedene Versuche der sachgerechten Interpretation (z. B. das *Kausalprinzip* oder das *Finalprinzip*).

- **Identitätsprinzip**

Die wohl bedeutendste Interpretation des Verursachungsprinzips stellt jedoch das von *P. Riebel* vertretene Identitätsprinzip dar. Danach sind die Kosten so zuzurechnen, dass der Werteverzehr auf dieselbe (identische) Entscheidung zurückgeführt werden kann, wie die Existenz des jeweiligen Kalkulationsobjektes selbst. Das Identitätsprinzip stellt damit eine engere Auslegung des Verursachungsprinzips dar.

Die beschriebenen Prinzipien werden auch als *Kostenzurechnungsprinzipien* bezeichnet, da sie sich mit der verursachungsgerechten Zurechnung von Kosten als Einzelkosten beschäftigen.

Demgegenüber werden Grundsätze zur Verteilung von nicht zurechenbaren Gemeinkosten als *Kostenanlastungsprinzipien* bezeichnet. Dazu zählen vor allem das Durchschnittsprinzip und das Tragfähigkeitsprinzip.

- **Durchschnittsprinzip**

Die gesamten nicht verursachungsgerecht zu verteilenden Kosten werden durch die Summe der hergestellten Leistungseinheiten dividiert und den Kostenträgern zugerechnet. Im Falle eines Mehrproduktunternehmens wird eine Gewichtung der einzelnen Produktarten vorgenommen, um das Verhältnis des Kostenanfalls zum Ausdruck zu bringen.

- **Tragfähigkeitsprinzip**

Die nicht verursachungsgerecht zurechenbaren Kosten werden proportional zu Deckungsbeiträgen oder Marktpreisen auf die Kostenträger verteilt. Diese Vorgehensweise macht die Kostenzurechnung von externen Faktoren (Absatzmarktsituation) abhängig und führt zu wenig brauchbaren Ergebnissen für die Kalkulation.

2.1.2 Aufgaben der Kostenartenrechnung

Die Kostenartenrechnung hat die Aufgabe, sämtliche für die Erstellung und Verwertung betrieblicher Leistungen innerhalb einer Periode anfallenden Kosten vollständig, eindeutig und überschneidungsfrei nach einzelnen Kostenarten gegliedert zu erfassen und auszuweisen. Die Kostenartenrechnung ist aber nicht nur Datenlieferant der Kostenstellen- und Kostenträgerrechnung, sondern verfolgt auch eigenständige Rechnungszwecke. Sie kann den Ausgangspunkt für unmittelbar kostenartenbezogene Planungen, Kontrollen und Analysen bilden. So lassen sich z. B. aus einem Kostenarten-Zeitvergleich und der Beobachtung der Kostenartenstruktur im Zeitablauf aufschlussreiche Erkenntnisse gewinnen.

2.1.3 Gliederung der Kostenarten

Beim Studium der Literatur zur Kosten- und Leistungsrechnung erkennt man, dass die Gliederung der Kostenarten auf unterschiedlichste Art erfolgen kann. Zur Einteilung der Kostenarten sollen in diesem Band die folgenden Gliederungskriterien angewandt werden:

(1) Einteilung nach *Art der verbrauchten Produktionsfaktoren*, z. B.:
- Personalkosten;
- Werkstoffkosten;
- Betriebsmittelkosten;
- Kapitalkosten;
- Dienstleistungskosten;
- Abgaben an die öffentliche Hand.

(2) Einteilung nach *betrieblichen Funktionen*, z. B.:
- Beschaffungskosten;
- Fertigungskosten;
- Vertriebskosten;
- Verwaltungskosten.

(3) Einteilung nach der *Art der Kostenerfassung*:
- aufwandsgleiche Kosten;
- kalkulatorische Kosten.

Die *aufwandsgleichen* Kosten stimmen mit den entsprechenden Daten aus der Finanzbuchhaltung überein, während die *kalkulatorischen* Kosten eigens für die Zwecke der Kostenrechnung ermittelt werden, um dem Opportunitätskostenprinzip Rechnung zu tragen.

(4) Einteilung nach der Herkunft der Kostengüter:
- primäre Kosten und
- sekundäre Kosten.

Unter *primären Kosten* sind jene Kosten zu verstehen, die für die Faktormengen entstanden sind, die dem Produktionsprozess von außen, d. h. von den Beschaffungsmärkten zugeführt wurden.

Sekundäre Kosten stellen das wertmäßige Äquivalent des *innerbetrieblichen Leistungsaustausches* dar. Darunter sind Leistungen zu verstehen, die nicht von außen in den Leistungserstellungsprozess gelangen, sondern die innerhalb des Betriebes hergestellt und anderen Betriebsbereichen zur Verfügung gestellt werden, wie z. B. die Reparaturleistungen des betriebsinternen Reparaturdienstes. Die für diese Leistungen entstehenden Kosten müssen ebenfalls möglichst verursachungsgerecht den Endprodukten zugerechnet werden.

(5) Einteilung nach der *Art der Verrechnung*:

- Einzelkosten;
- Gemeinkosten.

Einzelkosten sind Kosten, die sich den erstellten betrieblichen Leistungen (Kostenträgern) *direkt* zurechnen lassen. So lassen sich z. B. die Kosten des Holzverbrauchs in einem Unternehmen der Möbelindustrie direkt auf die dort erstellten Schränke als Einzelkosten zurechnen.

Gemeinkosten sind Kosten, die sich den Kostenträgern *nicht direkt* zurechnen lassen. Diese Kosten werden innerhalb der Kostenstellenrechnung verteilt und mit Hilfe von Schlüsselgrößen den Kostenträgern zugerechnet. Beispiele für Gemeinkosten in dem Unternehmen der Möbelindustrie wären das Gehalt des Pförtners, Feuerversicherungsprämien oder Mieten.

Die *Gemeinkosten* werden noch einmal unterschieden in *echte* und *unechte* Gemeinkosten. Unechte Gemeinkosten sind solche Gemeinkosten, die im Gegensatz zu den echten Gemeinkosten den Kostenträgern direkt zugerechnet werden könnten, wobei jedoch der Abrechnungsaufwand zu groß würde. Diese Kosten werden aus Vereinfachungsgründen über die Kostenstellenrechnung den Kostenträgern zugerechnet. Als Beispiel lassen sich Leim oder Nägel in der Möbelindustrie nennen. Deren Verbrauch pro Schrank könnte zwar ermittelt werden, der damit verbundene Aufwand steht jedoch in keinem Verhältnis zu dem aus der Ermittlung entstehenden Nutzen.

(6) Einteilung nach dem *Verhalten der Kosten gegenüber Beschäftigungsschwankungen*:

- fixe Kosten;
- variable Kosten.

Fixe Kosten sind in ihrer Höhe unabhängig von Veränderungen der Beschäftigung bzw. der jeweils zugrundegelegten Bezugsgröße. Sie verändern sich bei einer Variation der Ausbringungsmenge nicht. Beispiele für fixe Kosten sind die Abschreibungen auf Gebäude oder die Miete einer Produktionshalle.

Die Höhe der *variablen Kosten* ist abhängig von der jeweiligen Beschäftigung bzw. der Ausprägung der Bezugsgröße und deren Veränderungen. Die Änderungen der variablen Kosten können proportional, degressiv oder progressiv verlaufen. Bei einem proportionalen Kostenverlauf ändern sich die Kosten im gleichen Verhältnis wie die Änderung der Ausbringungsmenge x. Bei einem degressiven Verlauf steht die Änderung der Kosten in einem unterproportionalen und bei einem progressiven Verlauf in einem überproportionalen Verhältnis zur Änderung der Ausbringung.

Intervallfixe bzw. *Sprungfixe* Kosten sind Kosten, die sich innerhalb eines bestimmten Beschäftigungsintervalls fix verhalten und sich bei Überschreitung dieses Intervalls verändern, um dann wieder innerhalb des nächsten Intervalls fix zu bleiben.

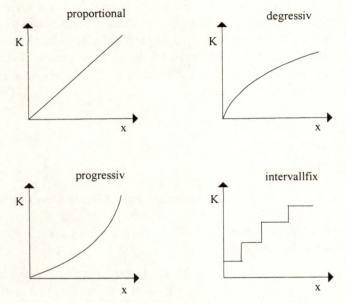

Abb. 2.1: Proportionaler, degressiver, progressiver und intervallfixer Kostenverlauf

Die Unterscheidung zwischen den beiden Einteilungskriterien *Art der Verrechnung* (Einzel-/Gemeinkosten) und *Verhalten der Kosten gegenüber Beschäftigungsschwankungen* (variable/fixe Kosten) bereitet immer wieder erhebliche Schwierigkeiten. Sie ist aber von zentraler Bedeutung, wobei besonders folgende Erkenntnisse wichtig sind:

- Einzelkosten sind immer variable Kosten, variable Kosten sind aber *nicht* immer Einzelkosten.
- Fixe Kosten sind immer Gemeinkosten, Gemeinkosten sind aber *nicht* immer fixe Kosten.

Die nachfolgende Übersicht soll die bestehenden Unterschiede noch einmal verdeutlichen:

Zurechenbarkeit auf Produkteinheit	Einzelkosten	Gemeinkosten	
		Unechte Gemeinkosten	Echte Gemeinkosten
Veränderlichkeit bei Beschäftigungsänderungen	Variable Kosten		Fixe Kosten
	Kosten für Werkstoffe (außer bei Kuppelprozessen), Verpackungskosten, Provisionen	Kosten für Hilfsstoffe, Kosten für Energie und Betriebsstoffe bei Leontief-Produktionsfunktionen	Kosten des Kuppelprozesses, Kosten für Energie und Betriebsstoffe bei mehrdimensionalen Kostenfunktionen	Kosten der Produktart und Produktgruppe, Kosten der Fertigungsvorbereitung und Betriebsleitung, Abschreibungen (Lohnkosten)

Übers. 2.2: Einteilung der Gesamtkosten in Einzel- und Gemeinkosten sowie variable und fixe Kosten

2.1.4 Erfassung ausgewählter Kostenarten

Die Erfassung von Kosten erfolgt stets in zwei Schritten. Zunächst werden die Verbrauchsmengen der entsprechenden Kostengüter ermittelt. Im zweiten Schritt wird eine Bewertung der Verbrauchsmengen vorgenommen. Diese Schritte sollen am Beispiel ausgewählter Kostenarten verdeutlicht werden.

2.1.4.1 Werkstoffkosten

Die Werkstoffkosten sind die mit ihren Preisen bewerteten Verbrauchsmengen an Roh-, Hilfs-, und Betriebsstoffen. Dabei kann die *Erfassung der Verbrauchsmengen* auf folgende Arten erfolgen:

(1) Inventurmethode (Befundrechnung);
(2) Skontrationsmethode (Fortschreibungsrechnung);
(3) Retrograde Methode (Rückrechnung).

(1) Inventurmethode

Die Inventurmethode ermittelt die Verbrauchsmenge, indem die Differenz aus Anfangsbestand und Zugängen einerseits und dem Endbestand andererseits gebildet wird.

$$\text{Verbrauch} = \text{Anfangsbestand} + \text{Zugang} - \text{Endbestand}$$

Allerdings ist bei der Inventurmethode nicht erkennbar, welche Kostenstelle (für welchen Zweck) die Lagerentnahme vorgenommen hat und welche Teile der Differenz auf Schwund oder Verderb zurückzuführen sind. Außerdem ist mit der regelmäßigen Bestandsaufnahme (Inventur) ein hoher Arbeitsaufwand verbunden.

(2) Skontrationsmethode

Die Skontrationsmethode wirkt den Mängeln der Inventurmethode entgegen, indem sowohl die Lagerzugänge als auch die Lagerabgänge durch sogenannte Materialentnahmescheine erfasst werden. Der Verbrauch kann durch Addition der Entnahmemengen auf den Materialentnahmescheinen ermittelt werden:

$$\text{Verbrauch} = \text{Summe der Entnahmemengen laut Materialentnahmescheinen}$$

Eine Analyse der außergewöhnlichen Bestandsminderungen (Diebstahl oder Schwund) auf ihre Ursachen hin wird dadurch möglich, dass die Differenz aus dem errechneten Verbrauch nach der Skontrationsmethode und dem Verbrauch laut Inventurmethode bestimmt wird. Weiterhin wird der Verwendungszweck der Lagerentnahme erkennbar, da auf den Materialentnahmescheinen die empfangende Kostenstelle, die Auftragsnummer und der Verwendungsort vermerkt sind.

(3) Retrograde Methode

Bei der retrograden Methode wird die Verbrauchsmenge aus der Stückzahl der abgelieferten Leistungen abgeleitet:

$$\text{Verbrauch} = \text{hergestellte Stückzahlen} \cdot \text{Sollverbrauchsmengen pro Stück}$$

Diese Methode macht die Vorgabe von *Sollverbrauchsmengen* erforderlich. Die Soll-Vorgaben werden anhand von Verbrauchsberechnungen, Rezepturen, Stücklisten, Konstruktionsplänen oder genauen Messungen bestimmt.

Wird der nach der retrograden Methode ermittelte Sollverbrauch dem Ergebnis nach der Skontrationsmethode gegenübergestellt, so kann man feststellen, wie stark von den Vorgaben abgewichen wurde. Eine Gegenüberstellung mit dem Verbrauch laut Inventurmethode gibt den außergewöhnlichen Verbrauch an.

Beispiel:

Für die Herstellung von Bodenplatten hat die Bauco AG Betonfertigteile auf Lager liegen. In der zugehörigen Lagerbuchhaltung existieren dazu folgende Angaben für das 3. Quartal 2000:

Datum	Bestand/Lagerbewegung	Stück
01.07.2000	Anfangsbestand lt. Inventur	180
15.07.2000	Zugang	200
18.07.2000	Abgang lt. Materialentnahmeschein	150
16.08.2000	Zugang	300
26.09.2000	Abgang lt. Materialentnahmeschein	400
30.09.2000	Endbestand lt. Inventur	80

Im 3. Quartal 2000 wurden insgesamt 19 Bodenplatten mit jeweils 30 Stück dieser Betonfertigteile fertiggestellt.

Aufgrund dieser Angaben lassen sich für die Bauco AG folgende Verbrauchsmengen für die Betonfertigteile errechnen:

(1) Inventurmethode:

$$\text{Verbrauch} = 180 + 200 + 300 - 80 = 600 \text{ Stück}$$

(2) Skontrationsmethode:

$$\text{Verbrauch} = 150 + 400 = 550 \text{ Stück}$$

(3) Retrograde Methode:

$$\text{Verbrauch} = 19 \cdot 30 = 570 \text{ Stück}$$

Die unterschiedlichen Ergebnisse lassen sich ausgehend von der Inventurmethode wie folgt erklären:

- Der gegenüber der Skontrationsmethode höhere Verbrauch von 50 Stück ist auf Schwund bzw. Diebstahl zurückzuführen.
- Der im Vergleich zur Rückrechnung erhöhte Verbrauch von 20 Stück zeigt an, dass von der oben errechneten Differenz von 50 Stück 20 Stück auf den Baustellen als halbfertige Bodenplatten liegen oder auf der Baustelle zu Bruch gegangen sind. Lediglich für die restlichen 30 Stück ist die Lagerverwaltung verantwortlich.

2.1.4.2 Personalkosten

Die Grundlage für die Ermittlung der Personalkosten ist die Lohn- und Gehaltsabrechnung. Die Personalkosten umfassen alle Kosten, die durch den Einsatz menschlicher Arbeit im Betrieb entstehen. Dazu zählen im einzelnen: Fertigungslöhne, Hilfslöhne, Zusatzlöhne, Gehälter, Lohn- und Gehaltsnebenkosten, gesetzliche und freiwillige Sozialkosten, sonstige Personalkosten (z. B. Anwerbung, Abfindung etc.).

In der Kostenrechnungsliteratur werden Fertigungslöhne häufig als fix betrachtet, da sie aus arbeitsrechtlichen Gründen kurzfristig nicht abbaubar sind. Für Akkordlöhne ist ebenfalls vorgeschrieben, dass im Falle der Unterbeschäftigung der bisherige durchschnittliche Akkordlohn zu zahlen ist. Stellen die Fertigungslöhne Fixkosten dar, dann können sie den Kostenträgern nicht direkt zugerechnet werden und müssen als Gemeinkosten auf die Kostenträger verteilt werden.

Bei einem Teil der Sozialkosten (Urlaubsgeld, Feiertage, Krankheitslöhne) ist darauf zu achten, dass diese Kosten auf das ganze Jahr verteilt werden. Dadurch soll verhindert werden, dass in den Monaten, in denen diese Kosten ausgabewirksam werden, das Verhältnis von Kosten zu erbrachter Leistung sich stark von den übrigen Monaten unterscheidet.

Die Belastung eines Monats mit dem gesamten Urlaubsanspruch ist nicht verursachungsgerecht, da dieser Anspruch aus der Beschäftigung eines ganzen Jahres resultiert. Die Kostenrechnung folgt dabei dem so genannten *Vergleichbarkeitspostulat*: Zufällige Kostenschwankungen sollen in der Rechnung möglichst vermieden werden, um die Vergleichbarkeit der Perioden so weit wie möglich zu erhalten.

2.1.4.3 Betriebsmittelkosten

Betriebsmittel sind langfristig nutzbare Produktionsfaktoren, deren Werteverzehr aus der Verringerung ihres Leistungsvermögens resultiert. Die Wertminderung der Betriebsmittel in einer Periode vollzieht sich über die Abnahme der Totalkapazität (Gesamtnutzungspotential) durch die Abgabe der Periodenkapazität. Diese Wertminderung der Betriebsmittel wird in Form von Abschreibungen erfasst.

In der Kostenrechnung wird versucht, den tatsächlichen Werteverzehr der Betriebsmittel über kalkulatorische Abschreibungen zu erfassen. Üblicherweise unterscheidet man drei *Arten des Werteverzehrs*:

- **verbrauchsbedingter Werteverzehr:** Abnutzung durch Zeitverschleiß, Gebrauch, Substanzverringerung, Katastrophen,
- **wirtschaftlich bedingter Werteverzehr:** Wertminderung aufgrund von Fehlinvestitionen, des Sinkens der Absatz- und Wiederbeschaffungspreise sowie von Nachfrageverschiebungen,
- **zeitlich bedingter Werteverzehr:** Ablauf von Miet- oder Pachtverträgen, Schutzrechten und Konzessionen.

Eine verursachungsgerechte Erfassung der Wertminderung ist sehr schwierig, da meist mehrere Arten des Werteverzehrs gleichzeitig wirksam sind. Die tatsächliche Wertminderung von Betriebsmitteln kann i. d. R. nur geschätzt werden. Zur Ermittlung *kalkulatorischer Abschreibungen* ist daher ein Abschreibungsverfahren zu wählen, das die Wertminderung der Betriebsmittel möglichst verursachungsgerecht erfasst.

Dabei können folgende *Abschreibungsverfahren* zur Anwendung gelangen:

(1) lineare Abschreibung
(2) arithmetisch-degressive Abschreibung
(3) geometrisch-degressive Abschreibung
(4) progressive Abschreibung
(5) leistungsabhängige Abschreibung

Die Anwendung dieser Verfahren soll im Folgenden anhand einfacher Beispiele erläutert werden:

(1) Lineare Abschreibung

Bei Anwendung der linearen Abschreibungsmethode wird ein gleichmäßiger Werteverzehr während der Nutzungsdauer unterstellt. Die Anschaffungs- bzw. Wiederbeschaffungskosten (AK) werden zu gleichen Raten auf die Nutzungsdauer verteilt. Die Abschreibungsrate (a_t) wird ermittelt, indem die Anschaffungs- und Herstellungskosten, vermindert um den eventuell erzielbaren Liquidationserlös (R_n), durch die Nutzungsdauer (n) dividiert werden:

$$a_t = \frac{A - R_n}{n}$$

Beispiel:

Die Bauco AG beabsichtigt eine Baumaschine mit Anschaffungskosten in Höhe von 180.000 EUR über 4 Jahre linear abzuschreiben. Der Resterlös wird mit einem Betrag in Höhe von 20.000 EUR geschätzt.

$$a_t = \frac{180.000 - 20.000}{4} = 40.000 \text{ pro Jahr}$$

Der Abschreibungsprozentsatz p pro Periode beträgt in diesem Beispiel:

$$p = \frac{a_t}{AK - R_n} \cdot 100 = \frac{40.000}{160.000} \cdot 100 = 25\%$$

(2) Arithmetisch-degressive (digitale) Abschreibung

Ein degressives Abschreibungsverfahren wird gewählt, wenn im Laufe der Nutzungsdauer ein abnehmender Werteverzehr unterstellt werden kann, d. h. die Wertminderung zu Beginn der Nutzungsdauer größer ist als gegen Ende der Nutzungsdauer. Bei der arithmetisch-degressiven Abschreibung fallen die Abschreibungsbeträge in jeder Periode um den gleichen *Degressionsbetrag* D. Der Degressionsbetrag D kann mittels der folgenden Formel bestimmt werden:

$$D = \frac{2 \cdot (AK - R_n)}{n \cdot (n + 1)}$$

Der periodische Abschreibungsbetrag ergibt sich als Produkt aus dem Degressionsbetrag D und den Periodenziffern in fallender Reihe:

$$a_t = D \cdot (n + 1 - t) = \frac{2 \cdot (AK - R_n)}{n \cdot (n + 1)} \cdot (n + 1 - t)$$

Beispiel:

Würde nun die Bauco AG die Baumaschine arithmetisch-degressiv abschreiben, ergeben sich folgende Abschreibungsbeträge in den einzelnen Perioden:

$$D = \frac{2 \cdot 160.000}{4 \cdot (4+1)} = \frac{320.000}{20} = 16.000$$

t	a_t	R_t
0		180.000
1	$16.000 \cdot (4 + 1 - 1) = 64.000$	116.000
2	$16.000 \cdot (4 + 1 - 2) = 48.000$	68.000
3	$16.000 \cdot (4 + 1 - 3) = 32.000$	36.000
4	$16.000 \cdot (4 + 1 - 4) = 16.000$	20.000

(3) Geometrisch-degressive Abschreibung

Bei der geometrisch-degressiven Abschreibung wird mit einem *gleich bleibenden Prozentsatz* vom jeweiligen Restbuchwert abgeschrieben. Der Prozentsatz p errechnet sich nach folgender Formel:

$$p = 100 \cdot \left(1 - \sqrt[n]{\frac{R_n}{AK}}\right)$$

In der Praxis wird meist ein Höchstsatz von 30 % gewählt, da nach dem Steuerrecht der Abschreibungsprozentsatz maximal das Dreifache des Satzes bei linearer Abschreibung, höchstens aber 30 % betragen darf. Legt man diesen Satz auch in der Kostenrechnung zugrunde, so lässt sich damit die Übereinstimmung des Zahlenwerks im externen und internen Rechnungswesen gewährleisten.

Beispiel:

Für die Baumaschine der Bauco AG ergibt sich folgender Prozentsatz p:

$$p = 100 \cdot \left(1 - \sqrt[4]{\frac{20.000}{180.000}}\right) = 42{,}27\ \%$$

Daraus lassen sich die Abschreibungsbeträge pro Periode und die entsprechenden Restwerte ermitteln:

t	a_t	R_t
0		180.000
1	$180.000 \cdot 0{,}4227 = 76.086$	103.914
2	$103.914 \cdot 0{,}4227 = 43.924$	59.990
3	$59.990 \cdot 0{,}4227 = 25.358$	34.632
4	$34.632 \cdot 0{,}4227 = 14.639$	19.993

(4) Progressive Abschreibung

Bei der progressiven Abschreibung werden steigende Jahresabschreibungen verrechnet. Die Abschreibungsbeträge können analog dem oben gezeigten Vorgehen geometrisch oder arithmetisch steigen.

(5) Leistungsabhängige Abschreibung

Die leistungsabhängige Abschreibung erfolgt entsprechend der jeweiligen Leistungsabgabe des Betriebsmittels in der Periode. Die Leistungsabgabe kann z. B. in der Stückzahl der auf der Anlage produzierten Güter, den Maschinenstunden oder der km-Leistung eines LKW's gemessen werden. Pro Leistungseinheit wird jeweils ein gleich hoher Abschreibungsbetrag verrechnet. Dieser kann wie folgt bestimmt werden:

$$a_t = \frac{AK - R_n}{B} \cdot b_t$$

B = maximal über die gesamte Nutzungsdauer realisierbare Leistungseinheiten
b_t = Periodenleistung

Beispiel:

Für die Baumaschine der Bauco AG sei nun angenommen, dass während der Nutzungsdauer von 4 Jahren insgesamt 320.000 Stück des Endprodukts produziert werden können, dabei wird von den Periodenleistungen b_t in der nachfolgenden Tabelle ausgegangen:

t	b_t	a_t			R_t
0					180.000
1	100.000	100.000 · 0,5	=	50.000	130.000
2	60.000	60.000 · 0,5	=	30.000	100.000
3	90.000	90.000 · 0,5	=	45.000	55.000
4	70.000	70.000 · 0,5	=	35.000	20.000

Die *Problematik der leistungsabhängigen Abschreibung* besteht darin, dass in der Praxis die Gesamtleistung eines Betriebsmittels nur sehr schwer geschätzt werden kann. Häufig erweist sich zudem die Messung der Periodenleistung als Problem.

Unabhängig vom verwendeten Abschreibungsverfahren stellt sich die Frage, ob bei der Bestimmung der kalkulatorischen Abschreibungen von *Anschaffungskosten oder von Wiederbeschaffungswerten* auszugehen ist. Da der Ansatz von Kosten neben der Erfassung des leistungsbezogenen Güterverzehrs auch die Aufrechterhaltung der Betriebsbereitschaft gewährleisten soll, werden in der Praxis die kalkulatorischen Kosten in der Regel auf der Basis von Wiederbeschaffungswerten berechnet. Damit soll sichergestellt werden, dass mittels der Kalkulation in den jeweiligen Preisen jene Beträge vergütet werden, die zur Durchführung von Ersatzinvestitionen notwendig sind. Aufgrund des unterschiedlichen Wertansatzes im Vergleich zur bilanziellen Abschreibung zählen die kalkulatorischen Abschreibungen damit i. d. R. zu den *Anderskosten*.

2.1.4.4 Fremdleistungskosten

Fremdleistungskosten umfassen alle Ausgaben für fremdbezogene Dienstleistungen, wie z. B. Beratungs-, Reparatur-, Transport- und Versicherungsleistungen. In diese Kostenkategorie gehören weiterhin Mieten und Pachten sowie die Kosten für Sachleistungen wie Wasser, Strom oder Gas, obwohl diese streng genommen zu den Werkstoffkosten gehören.

Die Erfassung dieser Kosten ist unproblematisch, da für Dienstleistungen ein Marktpreis existiert. Um dem Vergleichbarkeitspostulat gerecht zu werden, ist häufig eine zeitliche Abgrenzung der Kosten vorzunehmen. So ist z. B. eine Versicherungsprämie, die zu Beginn eines Jahres bezahlt wird, auf alle Monate zu verteilen.

2.1.4.5 Abgaben an die öffentliche Hand

Öffentlich Abgaben zählen zu den Kosten bzw. zu den Dienstleistungskosten im weiteren Sinne, sofern sie mit der betrieblichen Leistungserstellung verbunden sind.

Der *Kostencharakter von Steuern* ist umstritten. Steuern sind jedoch unzweifelhaft Kosten, wenn und soweit sie mit der betrieblichen Leistungserstellung bzw. mit der Betriebsbereitschaft in Beziehung stehen (z. B. Kfz-Steuer, Grundsteuer, Gewerbesteuer etc.). *Gewinnsteuern* (Einkommensteuer, Körperschaftsteuer) werden nicht als Kosten erfasst, da der Gewinn nicht als Voraussetzung für die betriebliche Tätigkeit betrachtet wird.

Während *Gebühren* ebenfalls zu den Abgaben an die öffentliche Hand gehören, sind *Beiträge*, soweit sie ein Entgelt für Dienstleistungen der öffentlichen Hand darstellen, zu den Fremdleistungskosten zu rechnen.

2.1.4.6 Kalkulatorische Kosten

Kalkulatorische Kosten sind Kosten, denen entweder kein Aufwand (*Zusatzkosten*) oder Aufwand in anderer Höhe (*Anderskosten*) gegenübersteht. Diese Kosten werden verrechnet, um den Werteverzehr an Produktionsfaktoren vollständig zu erfassen. Dem Ansatz von kalkulatorischen Kosten liegt das *Opportunitätskostenprinzip* zugrunde. Danach soll durch den Ansatz kalkulatorischer Kosten der Nutzenentgang berücksichtigt werden, der dem Unternehmen dadurch entsteht, dass die knappen Produktionsfaktoren durch ihren Einsatz von anderen Verwendungsmöglichkeiten inner- und außerhalb des Unternehmens ausgeschlossen sind. Neben den zu den Anderskosten zählenden *kalkulatorischen Abschreibungen* (vgl. Kap. 2.1.4.3) unterscheidet man eine Reihe weiterer kalkulatorischer Kosten.

(1) Kalkulatorische Miete

Für Räume, die einem Einzelunternehmer oder Gesellschafter einer Personengesellschaft gehören und die er dem Betrieb zur Verfügung stellt, wird ein kalkulatorischer Kostenbetrag angesetzt. Dieser soll den entgangenen Ertrag, der bei einer Vermietung der Räume erzielbar wäre, im Sinne von Opportunitätskosten berücksichtigen (*Zusatzkosten*).

(2) Kalkulatorischer Unternehmerlohn

Auch hier kommt der Opportunitätskostengedanke zur Anwendung. Für die Arbeitsleistung, die ein Einzelunternehmer oder der Gesellschafter einer Personengesellschaft in der jeweiligen Gesellschaft erbringt, wird ein kalkulatorischer Kostenbetrag angesetzt. Der Ansatz des kalkulatorischen Unternehmerlohns erfolgt in der Kostenrechnung, weil für die Entlohnung von mitarbeitenden Gesellschaftern kein Personalaufwand in der GuV angesetzt werden kann (*Zusatzkosten*). Die Entlohnung derartiger Gesellschafter besteht vielmehr in ihrem Gewinnanspruch. Der kalkulatorische Betrag sollte dem durchschnittlichen Gehalt einer Führungskraft in einer vergleichbaren Position in einem vergleichbaren Betrieb entsprechen.

(3) Kalkulatorische Wagnisse

Die unternehmerische Tätigkeit ist stets mit Risiken (Wagnissen) verbunden, die einen unvorhersehbaren Werteverzehr zur Folge haben können. Die Kostenrechnung erfasst nur Einzelwagnisse (betriebliche Einzelrisiken). Dagegen berücksichtigt man das *allgemeine Unternehmerrisiko* nicht, da es durch den Gewinn abgegolten wird.

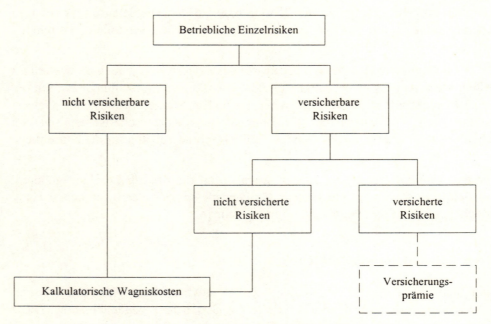

Übers. 2.3: Betriebliche Einzelrisiken und Wagniskosten

Einzelwagnisse stellen kalkulierbare Risiken dar, die direkt mit der betrieblichen Leistungserstellung im Zusammenhang stehen und zu unterschiedlichen Belastungen in den einzelnen Perioden führen. Beispiele für Einzelwagnisse sind:

- Beständewagnis (Schwund, Technische Veralterung);
- Anlagenwagnis (Verkürzung der Nutzungsdauer);
- Fertigungswagnis (Mehrkosten wegen Konstruktionsfehlern etc.);
- Entwicklungswagnis (fehlgeschlagene FuE-Arbeiten);
- Gewährleistungswagnis (Nachbesserungen, Reparaturen);
- Debitorenwagnis (Forderungsausfälle, Währungsverluste);
- sonstige Wagnisse (Unglücksfälle).

Die Verrechnung von kalkulatorischen Wagniskosten (vgl. Übers. 2.3) kommt nur dann in Betracht, wenn für das jeweilige Risiko keine Versicherung abgeschlossen ist. In diesem Fall wird die entsprechende Versicherungsprämie als Fremdleistungskosten angesetzt.

Der Ansatz kalkulatorischer Wagniskosten soll vermeiden, dass die Ergebnisse der Kostenrechnung starken Schwankungen unterliegen und so die Aussagefähigkeit der Kostenrechnung beeinträchtigt wird. Tatsächlich eintretende Wagnisverluste werden in der Kostenrechnung nicht in der Periode angesetzt, in der sie anfallen, sondern über mehrere Perioden verteilt. In der GuV dagegen werden die tatsächlich eingetretenen Wagnisse als Aufwand erfolgswirksam verrechnet, die kalkulatorischen Wagniskosten zählen daher zu den *Anderskosten*.

Zur Ermittlung der Wagniskosten wird mit Hilfe statistischer Methoden ein Wagnissatz gebildet, der das Verhältnis von Wagnisverlusten in der Vergangenheit zu einer bestimmten Bezugsgröße zum Ausdruck bringt, die in möglichst kausalem Zusammenhang zu diesen Verlusten steht.

$$\text{Wagnissatz} = \frac{\text{Wagnisverluste vergangener Perioden}}{\text{Bezugsgröße}}$$

Beispiele für solche Bezugsgrößen können sein:

Wagnisse	Bezugsgrößen
Gewährleistungen	Selbstkosten der abgesetzten Produkte
Forderungsverluste	Wert der Zielverkäufe
Lagerverluste	Anschaffungsausgaben der gelagerten Produkte

Beispiel:

Bei einem Umsatz von 10 Mio. EUR hat die Sanso AG in einem Unternehmensbereich in den letzten vier Jahren Forderungsverluste in Höhe von 120.000 EUR hinnehmen müssen. Der Anteil der Zielverkäufe am Umsatz betrug 60 %. In der Abrechnungsperiode wurde ein Umsatz in Höhe von 250.000 EUR erzielt, der Anteil der Zielverkäufe liegt bei 50 %.

$$\text{Wagnissatz} = \frac{120.000}{10\,\text{Mio.} \cdot 0,6} = 0,02$$

Die kalkulatorischen Wagniskosten für den Unternehmensbericht der Sanso AG einer Periode ergeben sich dadurch, dass der Wagnissatz mit der Bezugsgröße Umsatz in der Periode multipliziert wird:

$$\text{Wagniskosten der Periode} = 0,02 \cdot 250.000 \cdot 0,5 = 2.500\ \text{EUR}$$

(4) Kalkulatorische Zinsen

Die kalkulatorischen Zinsen werden auf das *betriebsnotwendige Kapital* verrechnet. Im Sinne des Opportunitätskostenprinzips soll über ihren Ansatz der Zinsertrag berücksichtigt werden, den die beste alternative Verwendung des eingesetzten Kapitals erbringen würde. Aus Vereinfachungsgründen benutzt man in der Praxis meist einen *kalkulatorischen Zinssatz*, der an den langfristigen Kapitalmarktzins angelehnt ist.

Der Ansatz eines einheitlichen Zinssatzes, unabhängig davon wie das Vermögen finanziert wurde (Eigen- oder Fremdkapital), sorgt dafür, dass die Kostenstruktur unabhängig von der jeweiligen Kapitalstruktur des Unternehmens bleibt. Dies ist insbesondere im Hinblick auf aussagefähige Betriebs- oder Branchenvergleiche wichtig.

Gegen den Kostencharakter der Zinsen wird häufig argumentiert, dass durch die Verrechnung der Zinsen zweifach Kosten für die Nutzung der betriebsnotwendigen Vermögensgüter angesetzt werden. Zum einen wird die Wertminderung von Vermögensgegenständen über die kalkulatorische Abschreibung erfasst und zum anderen werden auch kalkulatorische Zinsen für das im Vermögensgegenstand gebundene Kapital angesetzt. Dies sind jedoch unterschiedliche ökonomische Vorgänge, so dass dieser Argumentation hier nicht gefolgt werden soll.

Die kalkulatorischen Zinsen werden auf das sogenannte *zinsberechtigte betriebsnotwendige Kapital* berechnet. Dessen Ermittlung vollzieht sich in folgenden Schritten:

1.	Ermittlung des durch das eingesetzte Kapital erworbenen, bilanziellen Gesamtvermögens auf der Aktivseite der Bilanz.
2.	Verminderung des Gesamtvermögens, um jene Vermögensteile, die nicht für die betriebliche Leistungserstellung erforderlich sind (z. B. an Privatpersonen vermietete Gebäude).
3.	Bewertung des betriebsnotwendigen Vermögens mit Wiederbeschaffungspreisen.
=	**Betriebsnotwendiges Vermögen = Betriebsnotwendiges Kapital**
4.	Abzug des Fremdkapitals (Abzugskapital), das dem Unternehmen zinslos zur Verfügung steht (z. B. Kundenanzahlungen oder auch zinslose Lieferantenkredite).
=	**Zinsberechtigtes betriebsnotwendiges Kapital**

Zur Berechnung der kalkulatorischen Zinsen wird das zinsberechtigte betriebsnotwendige Kapital mit dem kalkulatorischen Zinssatz multipliziert. Der kalkulatorische Zinssatz entspricht in der Praxis vereinfacht dem durchschnittlichen, langfristigen Kapitalmarktzins für risikofreie Anleihen, z. B. der letzten fünf Jahre.

Aufgrund des kalkulatorischen Charakters der Kostenrechnung ist das jeweils gebundene Vermögen mit Wiederbeschaffungspreisen zu bewerten, indem die ermittelten Bilanzwerte mit Hilfe von Verbrauchsgüter- bzw. Gebrauchsgüterindizes hochgerechnet werden.

In diesem Zusammenhang ist allerdings zu berücksichtigen, dass auf der einen Seite Kosten Stromgrößen darstellen, auf der anderen Seite Bilanzwerte aber stichtagsbezogen sind. Somit stellt sich die Frage, wie das aus der Bilanz abgeleitete Vermögen einer zeitraumbezogenen Betrachtung zugänglich gemacht werden soll. Dabei unterscheidet man drei Vermögenskategorien:

- Umlaufvermögen
- Nicht abnutzbares Anlagevermögen
- Abnutzbares Anlagevermögen

Das *Umlaufvermögen* wird nicht abgeschrieben, sondern ständig ausgetauscht. Somit ist es sinnvoll, das zwischen zwei Bilanzstichtagen gebundene Umlaufvermögen als Durchschnittsgröße in das betriebsnotwendige Vermögen eingehen zu lassen:

$$\text{Durchschnittlich gebundenes Umlaufvermögen einer Periode} = \frac{AB + EB}{2}$$

$$AB = \text{Anfangsbestand}$$
$$EB = \text{Endbestand}$$

Die Bewertung des so ermittelten durchschnittlich gebundenen Umlaufvermögens erfolgt dann mit Wiederbeschaffungspreisen.

Der Wert des *nicht abnutzbaren Anlagevermögens* (z. B. Grundstücke) verändert sich aufgrund des Charakters dieser Vermögenspositionen während einer Periode normalerweise nicht. Es erfolgt deshalb eine Bewertung des jeweiligen Stichtagswertes der Bilanz mit den korrespondierenden Wiederbeschaffungspreisen.

Bei der Ermittlung des zu bewertenden *abnutzbaren Anlagevermögens* kann man zwei Methoden unterscheiden:

- Durchschnittswertverzinsung
- Restwertverzinsung

Mit der *Durchschnittswertmethode* werden die kalkulatorischen Zinsen auf das durchschnittlich während der gesamten Nutzungsdauer gebundene Kapital berechnet:

$$\text{Durchschnittlich gebundenes Anlagevermögen einer Periode} = \frac{\text{Wiederbeschaffungspreis} + \text{Restwert}}{2}$$

Da diese Methode als Annäherungsverfahren nur mit der linearen Abschreibung vereinbar ist, existiert in der Praxis noch die *Restwertmethode*, bei der im Gegensatz zur Durchschnittswertverzinsung die kalkulatorischen Zinsen auf das jeweils in der Periode gebundene Kapital berechnet werden:

$$\text{Gebundenes Kapital der Periode} = \frac{\text{Buchwert am Anfang der Periode} + \text{Buchwert am Ende der Periode}}{2}$$

Der Vorteil im Vergleich zur Durchschnittswertverzinsung besteht darin, dass die kalkulatorischen Zinsen gemäß den Restbuchwerten im Zeitablauf abnehmen und somit das in der Periode gebundene Kapital realistischer widerspiegeln.

Beispiel:

Die Bauco AG möchte die Höhe der kalkulatorischen Zinsen für das Jahr 2000 berechnen. Grundsätzlich schreibt die Bauco AG das abnutzbare Anlagevermögen linear ab, so dass die Durchschnittswertverzinsung zur Ermittlung der kalkulatorischen Zinsen herangezogen werden soll. Ihnen liegen folgende Daten auf Basis von Wiederbeschaffungspreisen vor:

Vermögensgegenstände	Wiederbeschaffungspreise am 01.01.2000 (in EUR)	Restnutzungsdauer	Wiederbeschaffungspreise am 31.12.2000 (in EUR)
Unbebaute Grundstücke	1.000.000		1.000.000
Bebaute Grundstücke	1.220.000	20 Jahre	
Maschinelle Anlagen	2.800.000	10 Jahre	
Betriebs- und Geschäftsausstattung	900.000	10 Jahre	
Fuhrpark	375.000	5 Jahre	
Wertpapiere für Spekulationszwecke	100.000		100.000
Roh-, Hilfs- und Betriebsstoffe	400.000		300.000
Halb- und Fertigerzeugnisse	1.100.000		800.000
Forderungen	650.000		750.000
Liquide Mittel	150.000		70.000

Das unbebaute Grundstück soll auch in Zukunft lediglich als Wertanlage angesehen werden. Der Grundstücksanteil in der Position „Bebaute Grundstücke" beträgt 500.000 EUR. Im Gebäudewert ist ein Mietshaus mit einem Wert am 01.01.2000 von 320.000 EUR. Am 31.12.2000 werden Maschinen im Wert von 100.000 EUR verkauft. Von den Lieferantenkrediten sind am 31.12.2000 450.000 EUR als zinslos anzusehen. Außerdem erhielt die Bauco AG 2000 Kundenanzahlungen in Höhe von 62.500 EUR. In den zurückliegenden Jahren rechnete die Carlo GmbH mit einem kalkulatorischen Zinssatz in Höhe von 10 %.

1. Ermittlung des betriebsnotwendigen Kapitals

Betriebsnotwendige Vermögensgegenstände	Wert am 01.01.2000 (in EUR)	Wert am 31.12.2000 (in EUR)	Durchschnittswert (in EUR)
Unbebaute Grundstücke	0	0	0
Bebaute Grundstücke	900.000	880.000	890.000
Maschinelle Anlagen	2.800.000	2.420.000	2.610.000
Betriebs- und Geschäftsausstattung	900.000	810.000	855.000
Fuhrpark	375.000	300.000	337.500
Wertpapiere für Spekulationszwecke	0	0	0
Roh-, Hilfs- und Betriebsstoffe	400.000	300.000	350.000
Halb- und Fertigerzeugnisse	1.100.000	800.000	950.000
Forderungen	650.000	750.000	700.000
Liquide Mittel	150.000	70.000	110.000
Betriebsnotwendiges Kapital			**6.802.500**

2. Ermittlung des zinsberechtigten betriebsnotwendigen Kapitals

	Betriebsnotwendiges Vermögen	6.802.500
-	Zinslose Lieferantenkredite	450.000
-	Kundenanzahlungen	62.500
=	**Zinsberechtigtes Betriebsnotwendiges Kapital**	**6.290.000**

3. Berechnung der kalkulatorischen Zinsen

$$\text{Kalkulatorische Zinsen} = \text{Betriebsnotwendiges Kapital} \cdot \text{Kalkulatorischer Zinssatz}$$

$$\text{Kalkulatorische Zinsen} = 6.290.000 \cdot 0{,}1 = 629.000$$

2.2 Kostenstellenrechnung

Nachdem die Kosten erfasst sind und nach Kostenarten gegliedert vorliegen, werden sie auf die Betriebsbereiche verteilt, in denen sie angefallen sind.

2.2.1 Aufgaben der Kostenstellenrechnung

Kostenstellen sind nach bestimmten Kriterien voneinander abgegrenzte Teilbereiche eines Unternehmens, für die die von ihnen jeweils verursachten Kosten erfasst und ausgewiesen, gegebenenfalls auch geplant und kontrolliert werden.

Der Kostenstellenrechnung fallen folgende *Aufgaben* zu:

(1) Kostenstellenbezogene Kontrolle der Wirtschaftlichkeit,
(2) Ermittlung der für die Kalkulation benötigten Zuschlags- und/oder Verrechnungssätze (Vorbereitung der Kostenträgerrechnung),
(3) Überwachung der Einhaltung von Kostenbudgets durch die einzelnen Kostenstellen und Abstimmung mit den kostenstellenbezogenen Kostenplänen.

Besteht der alleinige Rechnungszweck der aufgebauten Kosten- und Leistungsrechnung in einer Kostenträgerkalkulation, so werden nur die (Kostenträger-) Gemeinkosten in der Kostenstellenrechnung verrechnet. Wird jedoch auch eine Kontrolle der Kostenstellen angestrebt, so müssen sämtliche Kosten, die durch die Kostenstelle beeinflusst werden, also auch die (Kostenträger-) Gemeinkosten (z. B. Fertigungslohn) in der Kostenstellenrechnung berücksichtigt werden. Im Kapitel 2.2 wird vereinfacht nur von der Verrechnung der Gemeinkosten in der Kostenstellenrechnung ausgegangen. Erst im Kapitel 3.5 werden im Rahmen der Plankostenrechnung auch die Einzelkosten in die Kostellenrechnung mit einbezogen.

2.2.2 Kostenstellenbildung

Als mögliche *Kriterien zur Kostenstellenbildung* kommen in Frage:

(1) Kostenträgergesichtspunkte (Beanspruchung der Kostenstellen durch die Kostenträger),
(2) Funktionale Gliederung des Betriebes (z. B. Vertriebs-, Fertigungskostenstellen),
(3) Räumliche Gesichtspunkte (z. B. abgeschlossene Werkstatt als Kostenstelle),
(4) Organisatorische Gesichtspunkte (selbständige Verantwortungsbereiche),
(5) Rechnungstechnische Gesichtspunkte.

Um eine zweckmäßige Kostenstellengliederung zu gewährleisten, empfiehlt es sich, folgende Grundsätze zu beachten:

- *Identität von Kostenstelle und Verantwortungsbereich*: Der verantwortliche Kostenstellenleiter muss die Höhe der Kosten beeinflussen können und darf nicht mit Kosten belastet werden, die er nicht zu vertreten hat.
- *Möglichst genaue Maßgrößen der Kostenverursachung*: Zwischen den Kostenstellenkosten und den für die Kostenplanung und -kontrolle in der Kostenstelle verwendeten Bezugsgrößen sollten möglichst eindeutige Beziehungen bestehen.
- *Eindeutige Abgrenzung*: Die Kosten müssen sich den Kostenstellen eindeutig und überschneidungsfrei zurechnen lassen.

- *Wirtschaftlichkeit*: Die Tiefe der Kostenstellengliederung sollte nur so weit gehen, wie dies wirtschaftlich gerechtfertigt erscheint und die Übersichtlichkeit nicht gefährdet.

Diese Gliederungskriterien führen zu verschiedenen Arten von Kostenstellen. Nach *abrechnungstechnischen Gesichtspunkten* werden unterschieden

- Vorkostenstellen und
- Endkostenstellen.

Vorkostenstellen sind Kostenstellen, deren Kosten im Rahmen der Kostenstellenrechnung auf andere (Vor- oder End-) Kostenstellen umgelegt werden. Die Kosten von *Endkostenstellen* werden dagegen voll (Vollkostenrechnung) oder teilweise (Teilkostenrechnung) auf die Kostenträger verteilt. Zu den Vorkostenstellen zählen also die allgemeinen und die Hilfskostenstellen, während die Haupt- und Nebenkostenstellen verrechnungstechnisch wie Endkostenstellen behandelt werden.

Nach produktionstechnischen (*funktionalen*) Gesichtspunkten unterscheidet man

- Hauptkostenstellen,
- Nebenkostenstellen und
- Hilfskostenstellen.

Hauptkostenstellen fertigen (Haupt-) Produkte, die zum Produktions- und Absatzprogramm des Unternehmens gehören. Die Kosten der Hauptkostenstellen werden direkt auf die Kostenträger verteilt.

In *Nebenkostenstellen* dagegen werden (Neben-) Produkte bearbeitet, die nicht zum eigentlichen, geplanten Produktionsprogramm gehören (z. B. Kuppelprodukte, Abfallgüter).

Hilfskostenstellen tragen nur mittelbar zur Gütererstellung bei (z. B. Heizung). Zu ihnen zählen auch die *allgemeinen Kostenstellen*, die für die Unternehmung als Ganzes tätig sind (z. B. Verwaltung).

Die Kosten der Hilfs- und Nebenkostenstellen werden nicht direkt auf die Kostenträger verteilt, sondern im Rahmen der innerbetrieblichen Leistungsverrechnung zunächst auf die Hauptkostenstellen umgelegt. Entsprechend dem Kalkulationsschema der Zuschlagskalkulation (vgl. Kap. 2.3.2.3) findet man in der Literatur zur Kosten- und Leistungsrechnung häufig lediglich eine Einteilung in Haupt- und Hilfskostenstellen, mit den klassischen vier Hauptkostenstellen

- Fertigungshauptkostenstelle,
- Materialkostenstelle,
- Verwaltungskostenstelle und
- Vertriebskostenstelle.

2.2.3 Ablauf der Kostenstellenrechnung

Die Kostenstellenrechnung läuft in einem dreistufigen Prozess ab:

1. Die in der Kostenartenrechnung erfassten Gemeinkosten werden auf die Kostenstellen verteilt, in denen sie erstmalig entstanden sind *(primäre Gemeinkosten)*.

2. Dann erfolgt im Rahmen der *innerbetrieblichen Leistungsverrechnung* die Umlage der primären Gemeinkosten der Hilfskostenstellen mittels Verrechnungssätze als *sekundäre Gemeinkosten* auf die Hauptkostenstellen.

3. Zum Abschluss werden *Gemeinkostenzuschlagssätze* gebildet, mit deren Hilfe die Gemeinkosten in der Kostenträgerrechnung auf die jeweiligen Kalkulationsobjekte verteilt werden.

Um diesen Ablauf systematisch und übersichtlich vornehmen zu können, verwendet man als Hilfsmittel den *Betriebsabrechnungsbogen (BAB)*. Der Betriebsabrechnungsbogen ist ein Kostensammelbogen, der in tabellarischer Form die Gemeinkosten der einzelnen Kostenstellen erfasst. In der Vertikalen werden die kostenstellenbezogenen Kostenarten und in der horizontalen Richtung die Kostenstellen aufgelistet. Die Aufgaben des Betriebsabrechnungsbogens korrespondieren mit den drei Stufen der Kostenstellenrechnung, die in Übersicht 2.4 anhand eines idealtypischen Betriebsabrechnungsbogens systematisiert dargestellt sind:

Kostenarten \ Kostenstellen	Hilfskostenstellen	Hauptkostenstellen
Primäre Gemeinkosten	1. Verursachungsgerechte Verteilung auf die Kostenstellen	
Sekundäre (innerbetriebliche) Gemeinkosten	2. Durchführung der innerbetrieblichen Leistungsverrechnung	
	3. Bildung von Kalkulationssätzen für die Endkostenstellen	

Übers. 2.4: Ablauf der Kostenstellenrechnung

Im Rahmen der Kostenstellenrechnung kann das Problem der Verteilung bzw. Zurechnung von Gemeinkosten (*Gemeinkostenschlüsselungsproblem*) in allen drei Stufen der Kostenstellenrechnung auftreten, und zwar bei der

(1) Verteilung von (Kostenträger-) Gemeinkosten auf die Kostenstellen,
(2) Kostenstellenumlage durch die Ermittlung der Verrechnungssätze,
(3) Bestimmung von Zuschlagssätzen für die Hilfskostenstellen.

Zur Lösung dieser Probleme werden in der Praxis Gemeinkostenschlüssel als Bezugsgrößen der Kostenverteilung und -verrechnung verwendet. Dabei kann es sich sowohl um *Mengenschlüssel* (z. B. Stückzahlen, Fertigungszeit, Raumvolumen etc.) oder *Wertschlüssel* (z. B. Herstellkosten, Einstandspreise, Umsatz etc.) als auch um Kombinationen daraus handeln. Bei der Wahl der Kostenschlüssel ist darauf zu achten, dass eine möglichst verursachungsgerechte Kostenzurechnung erreicht wird.

2.2.4 Verfahren der innerbetrieblichen Leistungsverrechnung

2.2.4.1 Typen innerbetrieblicher Leistungsverflechtungen

Gegenstand der innerbetrieblichen Leistungsverrechnung ist die *Verteilung der sekundären Gemeinkosten*. Sekundäre Gemeinkosten entstehen für Leistungen in Hilfskostenstellen, die wiederum im innerbetrieblichen Leistungserstellungsprozess für die Produktion der eigentlichen Kalkulationsobjekte verwendet werden. Zu diesen innerbetrieblichen Leistungen gehören zum einen die *selbsterstellten Anlagegüter* (z. B. Maschinen), für die in der Regel im Rahmen der Kostenträgerrechnung eigene innerbetriebliche Kostenträger (Innenaufträge) gebildet werden.

Die dafür angefallenen Kosten kommen im Rahmen des Jahresabschlusses als "andere aktivierte Eigenleistungen" zum Ansatz.

Im Gegensatz dazu werden die *übrigen innerbetrieblichen Leistungen* (z. B. Energieversorgung, Transportleistungen, Instandhaltung, Rechenzeiten der EDV etc.) in der Periode ihrer Entstehung als Kosten in die Betriebsergebnisrechnung übernommen.

In der Praxis können sehr unterschiedliche *Typen von innerbetrieblichen Leistungsverflechtungen* zwischen den verschiedenen Kostenstellen auftreten. Dabei lassen sich im Wesentlichen vier Grundtypen unterscheiden, für die unterschiedliche Verfahren zur Verrechnung der innerbetrieblichen Leistungen vorliegen:

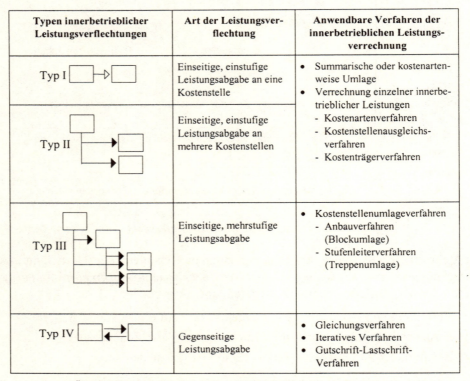

Übers. 2.5: *Grundtypen innerbetrieblicher Leistungsverflechtungen*

2.2.4.2 Einseitige, einstufige Leistungsverflechtung

Die wichtigsten Verfahren bei einer einseitigen, einstufigen Leistungsverflechtung sind das

- Kostenartenverfahren,
- Kostenstellenausgleichsverfahren und
- Kostenträgerverfahren.

Beim *Kostenartenverfahren* werden die für die innerbetrieblichen Leistungen angefallenen Gesamtkosten nicht ersichtlich. Die der innerbetrieblichen Leistung direkt zurechenbaren Kosten werden im Betriebsabrechnungsbogen (BAB) sofort auf die empfangenden Kostenstellen verteilt, während die nicht zurechenbaren Kosten bei der leistenden Kostenstelle verbleiben.

Das *Kostenstellenausgleichsverfahren* ist insbesondere dann anwendbar, wenn die innerbetrieblichen Leistungen von mehreren Kostenstellen gemeinsam erstellt werden und wenn Kostenstellen sowohl Kundenaufträge als auch Innenaufträge bearbeiten. Die Verrechnung wird entsprechend einem Kalkulationsverfahren vorgenommen (vgl. Kap. 2.3), dabei werden die gesamten Kosten der innerbetrieblichen Leistungen ersichtlich. Die abgebenden Kostenstellen werden entlastet, die empfangenden Stellen mit den Gesamtkosten der innerbetrieblichen Leistungen belastet.

Beim *Kostenträgerverfahren* werden die Innenaufträge wie Absatzleistungen als selbständige Kostenträger behandelt. Im Betriebsabrechnungsbogen (BAB) wird dafür eine eigene Ausgliederungsstelle vorgesehen, auf die die Einzelkosten des Innenauftrages zugeteilt sowie die Gemeinkosten für die von anderen Stellen dafür erbrachten Leistungen dem Innenauftrag angelastet werden. Dieses Verfahren wird vor allem bei innerbetrieblichen Leistungen wie Großreparaturen und selbst erstellten Anlagegütern angewendet.

2.2.4.3 Einseitige, mehrstufige Leistungsverflechtung

Für die einseitige, mehrstufige Leistungsverflechtung wird das *Kostenstellenumlageverfahren* angewendet. Dabei werden die in den Hilfskostenstellen angefallenen primären Gemeinkosten auf die Kostenstellen umgelegt, an die sie Leistungen abgeben. Man unterscheidet dabei

- das Anbauverfahren (Blockumlage) und
- das Stufenleiterverfahren (Treppenumlage).

(1) Anbauverfahren (Blockumlage)

Beim *Anbauverfahren* geht man von der Fiktion aus, dass die Hilfskostenstellen lediglich Hauptkostenstellen mit innerbetrieblichen Leistungen beliefern. Die primären Gemeinkosten der Hilfskostenstellen werden direkt auf die Hauptkostenstellen verteilt. Leistungsverflechtungen zwischen den einzelnen Hilfskostenstellen bleiben unberücksichtigt. Für die Hilfskostenstellen entstehen also keine sekundären Gemeinkosten.

Beispiel:

Für die Bauco AG werden aus der Fertigung drei Hilfskostenstellen und zwei Hauptkostenstellen exemplarisch herausgegriffen, für die im Folgenden die

1. Ermittlung der Verrechnungspreise und
2. Kostenumlage der sekundären Gemeinkosten

vorgenommen werden soll. Die Kostenstellen werden als Ausschnitt aus dem Betriebsabrechnungsbogen (BAB) dargestellt:

	Hilfskostenstellen			Hauptkostenstellen		
	1	2	3	I	II	Σ
Primäre Gemeinkosten	15.000	20.000	32.000	104.000	96.000	267.000
Leistungsabgabe an ... von ...						
Hilfskostenstelle$_1$	0	100	250	1.000	2.250	3.600
Hilfskostenstelle$_2$	50	50	0	200	500	800
Hilfskostenstelle$_3$	1.000	1.500	500	6.000	8.000	17.000

Es soll zunächst davon ausgegangen werden, dass die Bauco AG die innerbetriebliche Leistungsverrechnung nach dem Anbauverfahren vornimmt.

1. Ermittlung der Verrechnungspreise

Zur Berechnung der innerbetrieblichen Verrechnungssätze für die einzelnen Hilfskostenstellen sind deren primäre Gemeinkosten durch die von ihnen an die Hauptkostenstellen abgegebenen Leistungseinheiten (LE) zu dividieren. Es ergibt sich für jede Hilfskostenstelle i ein innerbetrieblicher Verrechnungssatz pro abgegebener Leistungseinheit q_i:

$$q_1 = \frac{15.000}{3.600-350} = \frac{15.000}{3.250} = 4{,}62 \text{ GE/LE}$$

$$q_2 = \frac{20.000}{700} = 28{,}57 \text{ GE/LE}$$

$$q_3 = \frac{32.000}{14.000} = 2{,}29 \text{ GE/LE}$$

2. Kostenumlage der sekundären Gemeinkosten

Die Hauptkostenstellen werden entsprechend ihrer Leistungsabnahme mit den sekundären Gemeinkosten (in EUR) belastet:

	Hauptkostenstelle I	Hauptkostenstelle II
Primäre Gemeinkosten	104.000	96.000
Sekundäre Gemeinkosten		
Hilfskostenstelle$_1$	4,62 · 1.000 = 4.620	4,62 · 2.250 = 10.395
Hilfskostenstelle$_2$	28,57 · 200 = 5.714	28,57 · 500 = 14.285
Hilfskostenstelle$_3$	2,29 · 6.000 = 13.740	2,29 · 8.000 = 18.320
	24.074	43.000
Summe der Gemeinkosten	**128.074**	**139.000**

- Die Vernachlässigung des innerbetrieblichen Leistungsaustausches führt im Rahmen des Anbauverfahrens zu Kostenverzerrungen und zu ungenauen Ergebnissen in der Kalkulation.
- Für Hilfskostenstellen, die mehr bzw. höherwertige Leistungen empfangen als sie an andere Hilfskostenstellen abgeben, errechnen sich zu niedrige Verrechnungssätze. Dies führt zu nicht verursachungsgerechten Zuschlägen in der Kalkulation.

(2) Stufenleiterverfahren (Treppenumlage)

Beim *Stufenleiterverfahren* wird zwar anerkannt, dass zwischen den Hilfskostenstellen ein Leistungsverbund besteht, allerdings geht man von der Annahme aus, dass nur ein einseitiger Leistungsaustausch berücksichtigt wird. Es erfolgt deshalb lediglich eine Verteilung der Gemeinkosten der im Betriebsabrechnungsbogen vorgelagerten Kostenstellen auf die nachgelagerten Kostenstellen, aber nicht umgekehrt.

Die Festlegung der Reihenfolge der zu verrechnenden Kostenstellen stellt allerdings das zentrale Problem bei diesem Verfahren dar. Die Vorkostenstellen werden für die Abrechnung so geordnet, dass die vorne stehenden Stellen möglichst wenig Leistungen von den nachgelagerten Stellen empfangen.

Soll das Verfahren auch bei wechselseitigen Leistungsverflechtungen angewandt werden, so gilt es die Reihenfolge so zu wählen, dass die jeweils kleineren

Leistungsströme unterdrückt werden und der Verrechnungsfehler auf diese Weise möglichst klein gehalten wird.

Beispiel:

Die Bauco AG nimmt nun die innerbetriebliche Leistungsverrechnung nach dem Stufenleiterverfahren vor.

1. Ermittlung der Verrechnungspreise

Dazu wird zuerst die Reihenfolge zur Verrechnung der Gemeinkosten der Hilfskostenstellen festgelegt:

$$\text{Hilfskostenstelle}_1 - \text{Hilfskostenstelle}_2 - \text{Hilfskostenstelle}_3$$

Bei der Berechnung von q_1 für die Hilfskostenstelle$_1$ sind nun auch die an Hilfskostenstelle$_2$ und die Hilfskostenstelle$_3$ abgegebenen Leistungseinheiten zu berücksichtigen (statt 3.250 LE jetzt 3.600 LE).

Die Verrechnungssätze für die Hilfskostenstelle$_2$ und die Hilfskostenstelle$_3$ enthalten nun neben den primären Gemeinkosten auch die über die innerbetriebliche Leistungsverrechnung belasteten sekundären Gemeinkosten der Hilfskostenstelle$_1$ (gerundete Werte).

$$q_1 = \frac{15.000}{3.600} = 4{,}17 \text{ GE/LE}$$

$$q_2 = \frac{20.000 + 4{,}17 \cdot 100}{800 - 50 - 50} = 29{,}16 \text{ GE/LE}$$

$$q_3 = \frac{32.000 + 4{,}17 \cdot 250}{17.000 - 1.000 - 1.500 - 500} = 2{,}36 \text{ GE/LE}$$

2. Kostenumlage der sekundären Gemeinkosten

Primäre Gemeinkosten	Hilfskostenstellen			Hauptkostenstellen	
	1	2	3	I	II
Sekundäre Gemeinkosten	15.000	20.000	32.000	104.000	96.000
Umlage 1:	$\frac{15.000}{3.600} = 4{,}17$	417	1.042	4.170	9.382
Umlage 2:		$\frac{20.417}{700} = 29{,}16$	0	5.832	14.580
Umlage 3:			$\frac{33.042}{14.000} = 2{,}36$	14.160	18.880
				128.162	138.842

Das Stufenleiterverfahren führt nur zu exakten Ergebnissen, wenn der Leistungsaustausch zwischen den Endkostenstellen tatsächlich nur in eine Richtung erfolgt, ansonsten treten durch die Vernachlässigung der gegenseitigen Leistungsverflechtungen Kostenverzerrungen auf.

2.2.4.4 Gegenseitige Leistungsverflechtung

Die Verrechnung innerbetrieblicher Leistungen bei gegenseitigem Leistungsaustausch wirft besondere Probleme auf. Eine exakte Kostenverrechnung ist in diesem Falle durch eine sukzessive Kostenumlage wie bei den Verfahren bei einseitiger Leistungsabgabe nicht möglich. Simultane Verrechnungssysteme wie das *Gleichungsverfahren* (oder auch *mathematisches Verfahren* genannt) eignen sich deshalb am besten, die teilweise sehr komplexen Leistungs- und Kostenbeziehungen exakt zu erfassen und abzubilden. Relativ genaue Näherungslösungen lassen sich auch mit Hilfe des *Iterativen Verfahrens* und des *Gutschrift-Lastschrift-Verfahrens* ermitteln, auf die in diesem Band aber nicht näher eingegangen werden soll.

Das *Gleichungsverfahren* besteht aus einem System linearer Gleichungen, mit denen die innerbetriebliche Leistungsverflechtung abgebildet werden soll. In dieses Gleichungssystem gehen die Mengen an innerbetrieblichen Leistungen (LE = x), die von der Hilfskostenstelle j an die Hilfskostenstelle i geliefert werden, als bekannte Daten ein, während die gesuchten Verrechnungssätze q_i die unbekannten Größen (Variable) darstellen. Die Anzahl der Gleichungen entspricht der Zahl der in die gegenseitige Leistungsverrechnung einbezogenen Hilfskostenstellen.

Grundsätzlich setzt sich die Summe der Gemeinkosten aus primären und sekundären Gemeinkosten zusammen:

> Gesamte Gemeinkosten = Primäre Gemeinkosten (K_P) + Sekundäre Gemeinkosten

Daraus folgt der allgemeine Gleichungsansatz:

$$x_i \cdot q_i = K_{Pi} + \sum_{j=1}^{m} x_{ji} \cdot q_j$$

Diese Gleichung wird für jede Hilfskostenstelle aufgestellt, so dass sich ein lösbares System aus m Gleichungen mit m Unbekannten (Verrechnungssätzen) ergibt.

Beispiel:

Nun soll auch für die Bauco AG die innerbetriebliche Leistungsverrechnung mittels des Gleichungsverfahrens durchgeführt werden.

1. Ermittlung der Verrechnungspreise

Hierzu werden zunächst die Gleichungen für die drei Hilfskostenstellen erstellt, so dass sich dann drei Gleichungen mit den drei Unbekannten q_1, q_2 und q_3 ergeben:

(I)	$x_1 \cdot q_1 = K_{P1} + x_{11} \cdot q_1 + x_{21} \cdot q_2 + x_{31} \cdot q_3$
(II)	$x_2 \cdot q_2 = K_{P2} + x_{12} \cdot q_1 + x_{22} \cdot q_2 + x_{32} \cdot q_3$
(III)	$x_3 \cdot q_3 = K_{P3} + x_{13} \cdot q_1 + x_{23} \cdot q_2 + x_{33} \cdot q_3$
(I)	$3.600\, q_1 = 15.000 + 0 q_1 + 50 \cdot q_2 + 1.000 q_3$
(II)	$800\, q_2 = 20.000 + 100 q_1 + 50 \cdot q_2 + 1.500 q_3$
(III)	$17.000\, q_3 = 32.000 + 250 q_1 + 0 q_2 + 500 q_3$

Die Lösung des Gleichungssystems erfolgt beispielsweise in den folgenden Schritten:

1. Schritt: Alle Gleichungen werden durch 50 geteilt.

$$
\begin{aligned}
(I') \quad & 72\,q_1 = 300 + q_2 + 20\,q_3 \quad \Rightarrow q_2 = -300 + 72\,q_1 - 20\,q_3 \\
(II') \quad & 15\,q_2 = 400 + 2\,q_1 + 30\,q_3 \quad \Rightarrow q_2 = 26,\overline{6} + 0,1\overline{3}\,q_1 + 2\,q_3 \\
(III') \quad & 330\,q_3 = 640 + 5\,q_1 \quad\quad\quad\quad \Rightarrow q_3 = 1,94 + 0,015\,q_1
\end{aligned}
$$

2. Schritt: (I') gleich (II') setzen und nach q_3 auflösen.

$$
\begin{aligned}
-300 + 72\,q_1 - 20\,q_3 &= 26,\overline{6} + 0,1\overline{3}\,q_1 + 2\,q_3 \\
-22\,q_3 &= 326,\overline{6} - 71,8\overline{6}\,q_1 \\
(IV) \quad q_3 &= -14,85 + 3,2\overline{6}\,q_1
\end{aligned}
$$

3. Schritt: (IV) gleich (III') setzen und nach q_1 auflösen.

$$
\begin{aligned}
-14,85 + 3,2\overline{6}\,q_1 &= 1,94 + 0,015\,q_1 \\
3,2515\,q_1 &= 16,79 \\
(V) \quad q_1 &= 5,1631
\end{aligned}
$$

4. Schritt: (V) einsetzen in (III').

$$
\begin{aligned}
q_3 &= 1,94 + 0,015 \cdot 5,1631 \\
(VI) \quad &= 2,0179
\end{aligned}
$$

5. Schritt: (V) und (VI) einsetzen in (I').

$$
\begin{aligned}
q_2 &= -300 + 72 \cdot 5,1631 - 20 \cdot 2,0179 \\
&= 31,3852
\end{aligned}
$$

Als Ergebnis erhält man somit über den Gleichungsansatz die folgenden Verrechnungssätze für die drei Hilfskostenstellen:

$$
\begin{aligned}
q_1 &= 5,16 \text{ EUR/LE} \\
q_2 &= 31,39 \text{ EUR/LE} \\
q_3 &= 2,02 \text{ EUR/LE}
\end{aligned}
$$

Da sämtliche Leistungsverflechtungen berücksichtigt werden, führt das Gleichungsverfahren immer zu den richtigen Verrechnungssätzen. Damit zeigt sich auch, in welchem Umfang das Anbau- und das Stufenleiterverfahren Kostenverzerrungen bedingen. Häufig wird gegen das Gleichungsverfahren eingewendet, die Ermittlung der Verrechnungssätze sei zu zeitaufwendig. Durch den heute möglichen Einsatz einfacher Kalkulationsprogramme per EDV kann dieser Einwand aber nicht mehr greifen.

2.3 Kostenträgerrechnung

Die letzte Stufe der Kostenrechnung ist die Kostenträgerrechnung. Sie wird stückbezogen als Kalkulation und/oder periodenbezogen als Erfolgsrechnung durchgeführt.

Die *Kostenträgerstückrechnung* ermittelt die Selbst- bzw. Herstellkosten der erstellten Leistungen. Je nach Zeitbezug wird die Kalkulation als Vor-, Zwischen- oder Nachkalkulation durchgeführt.

Die *Vorkalkulation* dient der Entscheidungsvorbereitung z. B. über die Annahme oder Ablehnung eines Auftrags. Die *Nachkalkulation* ermittelt die angefallenen Kosten der Abrechnungsperiode. Diese Informationen werden für die Erfolgskontrolle benötigt. Die *Zwischenkalkulation* wird bei langwierigen Produktionsprozessen als Nachkalkulation für Halberzeugnisse durchgeführt und dient der zwischenzeitlichen Erfolgskontrolle.

Die *Kostenträgerzeitrechnung* stellt eine Periodenrechnung dar, die die gesamten Kosten der Abrechnungsperiode - nach Leistungsarten gegliedert - erfasst. Die Gegenüberstellung der Kosten mit den Erlösen führt zur kurzfristigen Erfolgsrechnung.

2.3.1 Aufgaben der Kostenträgerrechnung

Neben der stück- oder periodenbezogenen Erfolgsermittlung stellt die Kostenträgerrechnung vor allem Informationen zur Verfügung

- für die Preispolitik: Ermittlung der Selbstkosten, Bestimmung von Preisuntergrenzen etc.,
- für die Programmpolitik: Ermittlung von Stückdeckungsbeiträgen, engpassbezogenen Deckungsbeiträgen,
- für die Beschaffungspolitik: Ermittlung von Preisobergrenzen für den Einkauf, Eigenfertigung oder Fremdbezug etc.,
- zur Bewertung der Bestände an Halb- und Fertigfabrikaten sowie selbsterstellter Anlagen und
- zur Ermittlung interner Verrechnungspreise.

2.3.2 Kostenträgerstückrechnung

Als Kostenträger lassen sich alle im Unternehmen erzeugten materiellen und immateriellen Güter ansehen, also sowohl die für den Absatz bestimmten Güter als auch die innerbetrieblichen Leistungen (*externe und interne Kostenträger*).

In der *Kostenträgerstückrechnung* werden die Einzelkosten aus der Kostenartenrechnung und die Gemeinkosten aus der Kostenstellenrechnung zur Ermittlung der *Herstellkosten (HK)* oder *Selbstkosten (SK)* je Kalkulationsobjekt zusammengefasst. Daneben existieren auch Kalkulationsverfahren, bei denen die Selbstkosten vereinfachend über Proportionalitäten ohne Kostenstellenrechnung ermittelt werden. Die in der Praxis verwendeten Kalkulationsverfahren lassen sich in drei Hauptgruppen einteilen:

- Divisionskalkulation,
- Äquivalenzziffernkalkulation und
- Zuschlagskalkulation.

Welches dieser Verfahren tatsächlich zur Kalkulation eingesetzt wird, hängt in erster Linie von der Fertigungsmethode des Unternehmens ab.

Die gebräuchlichsten Fertigungsmethoden können wie folgt charakterisiert werden:

Einzelfertigung	Herstellung einzelner Produkte in jeweils unterschiedlichen Arbeitsgängen
Sortenfertigung	Fertigung weniger Produktsorten in größeren Mengen, wobei die Produktsorten untereinander verwandte Materialzusammensetzungen und Fertigungsprozesse aufweisen
Serienfertigung	Herstellung kleiner oder großer Mengen verschiedener Produkte
Massenfertigung	Erzeugung eines Produktes in großen Mengen

Die Verschiedenartigkeit der Fertigungsprozesse führt in seiner Konsequenz dazu, dass unterschiedliche Kalkulationsverfahren verwendet werden müssen:

Divisionskalkulation	Massenfertigung
Äquivalenzziffernkalkulation	Sortenfertigung
Zuschlagskalkulation	Einzelfertigung sowie Serienfertigung

2.3.2.1 Divisionskalkulation

Die Divisionskalkulation ist insbesondere bei der Erzeugung eines oder weniger *gleichartiger Produkte* das geeignete Kalkulationsverfahren. Je nachdem ob die Fertigung einstufig oder mehrstufig erfolgt, ist die Divisionskalkulation

- einstufig oder
- mehrstufig

auszugestalten.

Die Unterscheidung bezieht sich also darauf, ob sich die Divisionskalkulation ohne weitere Differenzierung auf den gesamten Prozess der Leistungserstellung erstreckt (einstufig) oder ob einzelne Kostenstellen oder Unternehmensbereiche berücksichtigt werden müssen (mehrstufig).

Bei der Divisionskalkulation erfolgt *keine Trennung in Einzel- und Gemeinkosten*. Die Gesamtkosten stammen aus der Kostenartenrechnung, so dass eine separate Kostenstellenrechnung für die Kalkulation nicht notwendig ist.

Bei der *einstufigen Divisionskalkulation* erhält man die Selbstkosten je Kalkulationsobjekt (SK), indem die während einer Periode angefallenen Gesamtkosten (K) durch die innerhalb dieser Periode produzierte Menge (x) dividiert werden:

$$SK = \frac{K}{x}$$

Die einstufige Divisionskalkulation lässt sich allerdings nur dann durchführen, wenn die produzierte Menge der abgesetzten Menge entspricht. Da dies aber eher die Ausnahme ist, muss für den Normalfall von Lagerbestandsveränderungen das Grundprinzip modifiziert werden. Dazu unterscheidet man:

- Lagerbestandsveränderungen der Endprodukte und
- Lagerbestandsveränderungen der Zwischenprodukte.

Treten *Lagerbestandsveränderungen der Endprodukte* auf, so wird die *zweistufige Divisionskalkulation* angewendet. Hierbei werden

- die Herstellkosten (HK) bestehend aus den Fertigungs- und Materialkosten auf die produzierten Mengen (x_p) verteilt und
- die Verwaltungskosten (VWK) sowie die Vertriebskosten (VTK) den abgesetzten Mengen (x_a) zugerechnet:

$$SK = \frac{HK}{x_p} + \frac{VWK + VTK}{x_a}$$

Die *mehrstufige Divisionskalkulation* tritt in Verbindung mit *Lagerbestandsveränderungen der Zwischenprodukte* auf. Hierzu werden die Kosten jeder Fertigungsstufe (i), in der ein Zwischenlager vorliegt, durch die in dieser Stufe produzierte Menge (x_{pi}) dividiert:

$$SK = \sum_{i=1}^{n} \frac{HK_i}{x_{pi}} + \frac{VWK + VTK}{x_a}$$

Die Divisionskalkulation lässt sich allerdings nur für Einproduktunternehmen sinnvoll durchführen. Oder wenn die Fertigung einzelner Produktarten vollkommen getrennt ist und sich dadurch kostenrechnerisch separat erfassen lässt.

Beispiel:

Die Bauco AG stellt in einem völlig getrennt operierenden Werk ausschließlich hochwertige Stahlbetonträger für Fertighäuser her. Im Mai stellt sie in einem einstufigen Produktionsprozess 260 Betonteile her und setzt diese direkt nach der Produktion vollständig ab. Dabei fallen im Mai Gesamtkosten in Höhe von 1.118.000 EUR an.

Im Juni werden ebenfalls 260 Stahlbetonträger hergestellt, wobei 160 Teile unmittelbar nach der Produktion verkauft werden und die restlichen 100 Teile ins Lager wandern. Die Gesamtkosten entsprechen in ihrer Höhe den Kosten vom Mai, wobei an Herstellkosten 826.800 EUR und an Verwaltungs- und Vertriebskosten 291.200 EUR entstehen.

Nach einer Fertigungsumstellung produziert die Bauco AG nach den Betriebsferien im August die Betonteile in 3 Fertigungsstufen. In der 1. Stufe (Gießerei) werden Einzelteile für insgesamt 260 Stahlbetonträger gefertigt (Kosten: 442.000 EUR). In der 2. Stufe werden jedoch nur 240 Teile zusammengebaut (Kosten: 225.600 EUR), von denen in der 3. Stufe lediglich 200 Teile mit den entsprechenden Haltevorrichtungen versehen werden (Kosten: 159.200 EUR). Insgesamt verkauft die Bauco AG im August 160 Stahlbetonträger, während sie mit dem Restbestand das Fertigfabrikatelager auffüllt. Die Verwaltungs- und Vertriebskosten ergeben sich in derselben Höhe wie im Juni.

Da im Mai keine Lagerbestandsveränderungen auftreten, kann die Schulmöbel GmbH die einstufige Divisionskalkulation durchführen:

$$SK = \frac{1.118.000}{260} = 4.300 \, EUR/Stück$$

Im Juni erfolgt von der Schulmöbel GmbH die Kalkulation aufgrund der Veränderungen im Endproduktlager nach der zweistufigen Divisionskalkulation:

$$SK = \frac{826.800}{260} + \frac{291.200}{160} = 5.000 \text{ EUR/Stück}$$

Im August muss die Schulmöbel GmbH nach der Umstellung auf drei Fertigungsstufen die mehrstufige Divisionskalkulation anwenden:

$$SK = \frac{442.000}{260} + \frac{225.600}{240} + \frac{159.200}{200} + \frac{291.200}{160} = 5.256 \text{ EUR/Stück}$$

An diesem Beispiel sieht man neben der Verdeutlichung der Vorgehensweise bei der Divisionskalkulation auch das generelle Problem der Vollkostenrechnung: Je niedriger der Absatz wird, um so höher werden die am Markt zu erzielenden Selbstkosten (vgl. dazu auch Kap. 3.2.2).

2.3.2.2 Äquivalenzziffernkalkulation

Die Äquivalenzziffernkalkulation ist anwendbar, wenn die Kostenbelastungen, die durch verschiedene Kostenträger verursacht werden, in einer *proportionalen Beziehung* zueinander stehen. Das Verhältnis der Kostenbelastungen der verschiedenen Kostenträger wird durch Äquivalenzziffern ausgedrückt. Die Anwendbarkeit beschränkt sich daher auf Betriebe, die *eng verwandte Produkte* mit weithin übereinstimmenden Fertigungsprozessen herstellen (z. B. Sortenfertigung in Brauereien, Blechwalzwerken).

Auch bei der Äquivalenzziffernkalkulation wird *nicht zwischen Einzel- und Gemeinkosten getrennt*, so dass sich eine separate Kostenstellenrechnung für die Kalkulation ebenfalls erübrigt. Die Selbstkosten je Kalkulationsobjekt (SK) lassen sich dadurch ermitteln, indem die während einer Periode angefallenen Gesamtkosten durch entsprechende Verhältniszahlen bzw. Äquivalenzziffern verteilt werden. Dabei geht man davon aus, dass bei der Sortenfertigung die Kosten der einzelnen Produktsorten in einem bestimmten Verhältnis zueinander stehen. Dieses Verhältnis wird durch die entsprechende Äquivalenzziffer ausgedrückt. In der Praxis wird bei der Äquivalenzziffernkalkulation eine Produktsorte als Basis bestimmt, die die Äquivalenzziffer 1 erhält und die Äquivalenzziffern der anderen Produktsorten daran ausgerichtet.

Beispiel:

Die Bauco AG produziert in einem Werk vier Sorten von Bodenplatten, die sich nur hinsichtlich ihrer Größe unterscheiden. Die Äquivalenzziffern gibt das Rechnungswesen aus den Erfahrungswerten der letzten Jahre vor:

Produktsorte	$x_a = x_p$ in Stück	Äquivalenzziffern
A	76	1
B	80	1,375
C	78	1,75
D	60	2,125

Die Gesamtkosten in diesem Werk betragen 900.000 EUR für die zu kalkulierende Periode.

Produktsorte	$x_a = x_p$ in Stück	Äquivalenz-ziffern	Rechen-einheiten	Selbstkosten in EUR
A	76	1	76	2.000
B	80	1,375	110	2.750
C	78	1,75	136,5	3.500
D	60	2,125	127,5	4.250
Summe der Recheneinheiten (RE):			450	

$$\text{Kosten pro RE} = \frac{900.000}{450} = 2.000 \text{ EUR / RE}$$

Zunächst werden die Produktionsmengen der einzelnen Sorten mit den entsprechenden Äquivalenzziffern multipliziert. Man erhält dann die so genannten Recheneinheiten (Äquivalenzziffer der gesamten Produktsorte). Dividiert man im nächsten Schritt die Gesamtkosten durch die Summe der Recheneinheiten, so erhält man die Kosten pro Recheneinheit. Zuletzt multipliziert man diese Kosten pro Recheneinheit mit den Äquivalenzziffern der einzelnen Sorten und bekommt so die Selbstkosten je Produktsorte.

Wenn Lagerbestandsveränderungen der End- oder Zwischenprodukte auftreten, kann das Grundprinzip dieses Kalkulationsverfahrens in eine

- zweistufige (Veränderungen des Endproduktelagers) bzw.
- mehrstufige (Veränderungen der Lager an Zwischenprodukten)

Äquivalenzziffernkalkulation verfeinert werden.

2.3.2.3 Zuschlagskalkulation

Die Anwendung der Zuschlagskalkulation erfordert eine *Trennung in (Kostenträger-) Einzel- und Gemeinkosten*. Die Einzelkosten werden den einzelnen Kostenträgern bzw. Kalkulationsobjekten direkt zugerechnet, während man die Gemeinkosten mit Hilfe von *Gemeinkostenzuschlagssätzen (GKZ)* verteilt:

$$\text{Gemeinkostenzuschlagssatz} = \frac{\text{Gemeinkosten}}{\text{Zuschlagsbasis}} (\cdot 100)$$

Als Zuschlagsbasis verwendet man entweder *Mengengrößen* (z. B. Fertigungsstunden), dann erfolgt keine Multiplikation mit 100, oder *Wertgrößen* (z. B. Fertigungseinzelkosten), dann erfolgt eine Multiplikation mit 100, um Prozentwerte zu erhalten. Die Bezugsgrößen für die Gemeinkosten-Verrechnung (z. B. Fertigungsmaterial, Fertigungslohn, Fertigungsstunden, Herstellkosten) sollten so gewählt werden, dass sie sich möglichst proportional zur Gemeinkostenverursachung durch die Kostenträger verhalten. Wichtig ist die Überwachung der Zuschlagssätze, da sich bei Veränderungen in der Produktion, in der Materialverwendung oder bei Beschäftigungsschwankungen Verschiebungen ergeben, die so zu falschen Ergebnissen führen können.

Die Zuschlagskalkulation kann sowohl als

- summarische Zuschlagskalkulation,
- differenzierende Zuschlagskalkulation oder
- Maschinenstundensatzrechnung

durchgeführt werden.

(1) Summarische Zuschlagskalkulation

Die *summarische Zuschlagskalkulation* kommt für die Kalkulation ebenfalls ohne eine Kostenstellenrechnung aus, da sowohl die Einzel- als auch die Gemeinkosten in der Kostenartenrechnung lediglich für das gesamte Unternehmen als Summe erfasst werden. Die Gemeinkosten werden dabei als ein geschlossener Block auf nur eine einzige Zuschlagsbasis bezogen. Für diesen summarischen Zuschlag werden in der Regel entweder die Materialeinzelkosten, Fertigungseinzelkosten oder die gesamten Einzelkosten als Zuschlagsbasis herangezogen.

Das Verfahren unterstellt damit für alle Kostenträger und Kostenstellen dieselbe proportionale Beziehung zwischen Kostenträgereinzelkosten und Kostenträgergemeinkosten.

(2) Differenzierende Zuschlagskalkulation

Bei der *differenzierenden Zuschlagskalkulation* werden für jede Kostenstelle auf der Grundlage unterschiedlicher Zuschlagsbasen eigenständige Gemeinkostenzuschlagssätze ermittelt. Entsprechend der Einteilung in die vier klassischen Hauptkostenstellen

- Fertigungshauptkostenstelle (FGKZ),
- Materialkostenstelle (MGKZ),
- Verwaltungskostenstelle (VWGKZ) und
- Vertriebskostenstelle (VTGKZ)

ergeben sich folgende Gemeinkostenzuschlagssätze:

$$FGKZ = \frac{FGK}{FEK} \cdot 100$$

$$MGKZ = \frac{MGK}{MEK} \cdot 100$$

$$VWGKZ = \frac{VWGK}{HK} \cdot 100$$

$$VTGKZ = \frac{VTGK}{HK} \cdot 100$$

Die zur Berechnung der Verwaltungs- und Vertriebsgemeinkostenzuschlagssätze benötigten Herstellkosten werden gemäß dem *Grundschema der Zuschlagskalkulation* bestimmt:

	Materialeinzelkosten (MEK)	
+	Materialgemeinkosten (MGK = MEK · MGKZ)	
+	Fertigungseinzelkosten (FEK)	
+	Fertigungsgemeinkosten (FGK = FEK · FGKZ)	
+	Sondereinzelkosten der Fertigung (SEK_F)	
=	**Herstellkosten (HK)**	
+	Verwaltungsgemeinkosten (VWGK = HK · VWGKZ)	
+	Vertriebsgemeinkosten (VTGK = HK · VTGKZ)	
+	Sondereinzelkosten des Vertriebs (SEK_{VT})	
=	**Selbstkosten (SK) je Kalkulationsobjekt**	

Beispiel:

Die Bauco AG stellt unter anderem unterschiedlichste Arten von Fertiggaragen her. Für die Kalkulation einer Fertiggarage sind die nachstehenden Einzelkosten angefallen:

FEK	2.570,00 EUR
FGK	5.830,00 EUR
SEK_F	650,00 EUR
SEK_{VT}	450,00 EUR

Während des Monats März entstanden der Bauco AG im Bereich, in dem unter anderem die Fertiggaragen produziert werden, folgende Gesamtkosten:

MEK	170.650,00 EUR
FEK	298.235,00 EUR
SEK_F	15.800,00 EUR
SEK_{VT}	42.325,00 EUR
MGK	35.000,00 EUR
FGK	513.000,00 EUR
VWGK + VTGK	235.300,00 EUR

Zunächst sollen die Selbstkosten der Fertiggaragen der Bauco AG mit Hilfe der *summarischen Zuschlagskalkulation* ermittelt werden, in dem mit einem Gesamtzuschlag auf die Summe der Einzelkosten gerechnet wird.

$$\text{Gemeinkostenzuschlagssatz (GKZ)} = \frac{783.300}{527.010} \cdot 100 = 148{,}63\,\%$$

	Einzelkosten der Fertiggarage	=	9.500,00 EUR
+	Gemeinkosten	=	14.119,85 EUR
=	**Selbstkosten der Fertiggarage**	=	**23.619,85 EUR**

Im Anschluss daran erfolgt die Ermittlung der Selbstkosten anhand der *differenzierenden Zuschlagskalkulation*. Dazu werden zunächst die Gemeinkostenzuschlagssätze für die drei Hauptkostenstellen Fertigung (FGKZ), Material (MGKZ) sowie Verwaltung (VWGKZ) und Vertrieb (VTGKZ) berechnet:

$$FGKZ = \frac{513.000}{298.235} \cdot 100 = 172,01\,\%$$

$$MGKZ = \frac{35.000}{170.650} \cdot 100 = 20,51\,\%$$

$$VW/VTGKZ = \frac{235.500}{1.032.685} \cdot 100 = 22,79\,\%$$

Im Anschluss an die Berechnung der Zuschlagsätze werden die Selbstkosten der Fertiggarage gemäß dem Grundschema der Zuschlagskalkulation ermittelt:

	MEK	2.570,00 EUR
+	MGK	527,11 EUR
+	FEK	5.830,00 EUR
+	FGK	7.404,68 EUR
+	SEK_F	650,00 EUR
=	**HK**	**16.981,79 EUR**
+	VW/VTGK	3.870,15 EUR
+	SEK_{VT}	450,00 EUR
=	**SK**	**21.301,94 EUR**

Wie erwähnt, kann die differenzierende Zuschlagskalkulation nur durchgeführt werden, wenn sie mit einer ausgebauten Kostenstellenrechnung verbunden ist. Die Ermittlung der Gemeinkostenzuschlagssätze mittels der differenzierenden Zuschlagskalkulation kann damit auch als dritte Stufe der Kostenstellenrechnung aufgefasst werden (vgl. Kap. 2.2.3).

Beispiel:

Aus den folgenden Angaben ist ein BAB aufzustellen und es sind die Gemeinkostenzuschläge zu ermitteln. Die innerbetriebliche Leistungsverrechnung soll nach dem Stufenleiterverfahren erfolgen. Dabei sind die Kosten der Kantine proportional zur Anzahl der Beschäftigten und die Kosten der Fertigungsvorbereitung gemäß den verrechneten Fertigungseinzelkosten umzulegen.

	Kantine	Fertigungsvorbereitung	Bohrerei	Montage	Materialstelle	Vertrieb/ Verwaltung	Σ
Mitarbeiter	40	12	80	24	4	20	180
Primäre GK	112.000	156.000	345.600	107.200	28.000	144.468	893.268
Umlage Kantine	↳	9.600	64.000	19.200	3.200	16.000	112.000
		165.600					
		↳	102.400	63.200			165.600
Summe GK	-	-	512.000	189.600	31.200	160.468	893.268
Einzelkosten			256.000	158.000	312.000		726.000
Zuschlagssätze			200 %	120 %	10 %		

Der Zuschlagssatz für die Vertriebs- und Verwaltungsgemeinkosten berechnet sich auf Basis der Herstellkosten:

MEK	312.000
MGK	31.200 (10 %)
FEK	414.000
FGK	701.600
HK	1.458.800

Der Vertriebs- und Verwaltungsgemeinkostenzuschlag beträgt demnach:

$$\text{VW / VTGK-Zuschlag} = (160.468 : 1.458.800) \cdot 100 = 11\,\%$$

(3) Maschinenstundensatzrechnung

Die *Maschinenstundensatzrechnung* ist dadurch gekennzeichnet, dass die Kosten einzelner Kostenstellen oder Kostenplätze proportional zu deren Leistungsvolumen verrechnet werden. Man bezieht die kostenstellenbezogen erfassten Kosten auf die Kostenstellenleistung und ermittelt so leistungsbezogene Verrechnungssätze.

Diese Form der Zuschlagskalkulation gewinnt immer mehr an Bedeutung, da sie bei anlagenintensiver Fertigung und zunehmender Mechanisierung der Produktion die Gemeinkosten dem Kostenträger verursachungsgerechter zurechnen kann. Dabei werden die Fertigungsgemeinkosten in arbeitsstundenabhängige und maschinenstundenabhängige Kosten untergliedert. Anhand dieser Trennung werden zwei Verrechnungssätze gebildet:

$$\text{Arbeitsstundensatz} = \frac{\text{Lohnzusatzkosten + lohnabhängige Gemeinkosten}}{\text{Fertigungslöhne}} \cdot 100$$

$$\text{Maschinenstundensatz} = \frac{\text{maschinenabhängige Gemeinkosten}}{\text{Fertigungsstunden}} \cdot 100$$

In der Maschinenstundensatzrechnung werden alle durch den Maschineneinsatz bedingten und unmittelbar maschinenabhängigen Kosten (z. B. Abschreibungen, kalkulatorische Zinsen, Reparatur- und Instandhaltungskosten, Werkzeug- sowie

Energie- und Raumkosten) aus den Fertigungskosten ausgegliedert und nach Maßgabe der Maschinenbeanspruchung mit Hilfe des Maschinenstundensatzes verrechnet.

Der *Arbeitsstundensatz* soll möglichst alle durch den Einsatz menschlicher Arbeitsleistung verursachten Kosten berücksichtigen. Häufig werden aber auch einfach alle Restgemeinkosten (Fertigungsgemeinkosten - maschinenabhängige Gemeinkosten) als Zuschlag auf die Fertigungslöhne verrechnet.

2.3.3 Kostenträgerzeitrechnung und kurzfristige Erfolgsrechnung

2.3.3.1 Aufgaben und Merkmale

Aufgabe der Kostenträgerzeitrechnung ist die Ermittlung der in der Abrechnungsperiode für die bearbeiteten Kostenträger angefallenen Kosten. Über die Einbeziehung der Erlöse wird sie in der Regel zu einer *kalkulatorischen Erfolgsrechnung* ausgebaut, die den Betriebserfolg kurzfristig (quartalsweise oder monatlich) ermitteln soll. Die Kostenträgerrechnung als kurzfristige Erfolgsrechnung soll damit die Schwächen der Gewinn- und Verlustrechnung beheben, weil Daten, die einmal im Jahr ermittelt werden, für eine sinnvolle Planung, Steuerung und Kontrolle nicht geeignet sind.

Aufgrund der Kürze der Abrechnungsperioden kommt es zu *erheblichen Abgrenzungsproblemen*, weil die in der Periode entstandenen Kosten in der Regel nicht gleich den Kosten sind, die durch die in der Periode erstellten oder abgesetzten Produkte verursacht wurden. Immer dann, wenn Änderungen in den Beständen von Zwischen- und Endprodukten eintreten, kommt es zu Abweichungen zwischen den Periodenkosten und Kosten der in der Periode erstellten oder abgesetzten Produkte.

Zum Aufbau einer kurzfristigen Erfolgsrechnung bedarf es daher immer einer gemeinsamen Bezugsbasis (abgegrenzte Menge an Kostenträgern) für die zuzurechnenden Periodenkosten und -erlöse. Wählt man die in einer Periode abgesetzten Mengen als Bezugsbasis, so spricht man von einer *Absatzerfolgsrechnung*. Wird dagegen die Menge der in der Periode erzeugten Produkte zugrunde gelegt, so handelt es sich um eine *Ausbringungserfolgsrechnung*. Danach lassen sich zwei Formen der Kostenträgerzeitrechnung unterscheiden:

(1) Gesamtkostenverfahren (Ausbringungserfolgsrechnung)
(2) Umsatzkostenverfahren (Absatzerfolgsrechnung)

Beide Verfahren führen auf der Grundlage des gleichen Kostenrechnungssystems auch zum gleichen Betriebsergebnis.

2.3.3.2 Gesamtkostenverfahren

Beim Gesamtkostenverfahren werden die *Gesamtkosten* der Periode den *Gesamtleistungen*, die in dieser Periode entstanden sind, gegenübergestellt. Die Gesamtkosten sind nach Kostenarten gegliedert, wohingegen die Umsatzerlöse nach Produktarten aufgeschlüsselt werden.

Außerdem sind Lagerbestandsveränderungen zu Herstellkosten zu berücksichtigen, da in den seltensten Fällen die Absatzmengen den Produktionsmengen entsprechen. *Bestandsmehrungen* erhöhen den Periodenerfolg um die Herstellkosten, welche auf die nicht abgesetzten Produkte entfallen. *Bestandsminderungen* vermindern den Periodenerfolg um die Herstellkosten, welche auf die in der Vorperiode erstellten und in der Abrechnungsperiode abgesetzten Produkte entfallen. Es gehen also beim Gesamtkostenverfahren nicht nur die Kosten in die Erfolgsrechnung ein, die in der betreffenden Periode entstanden sind.

Bei einer Darstellung in Kontenform hat das Betriebsergebniskonto folgendes Aussehen:

Soll	Haben
Gesamtkosten (Selbstkosten) der Periode nach Kostenarten gegliedert	Umsatzerlöse der Periode nach Produktarten gegliedert
Lagerbestandsverringerungen ($x_a > x_p$) zu Herstellkosten	Lagerbestandserhöhungen ($x_a < x_p$) zu Herstellkosten
Betriebsgewinn	**Betriebsverlust**

Neben dem *Vorteil*, dass die Daten für das Gesamtkostenverfahren direkt aus der Gewinn- und Verlustrechnung übernommen werden können, ohne auf eine ausgebaute Kostenstellen- und Kostenträgerrechnung zurückgreifen zu müssen, überwiegen doch die *Nachteile*:

- Bei größeren Lagerbestandsveränderungen sind erhebliche Inventurarbeiten notwendig.
- Zur Bewertung der Lagerbestände müssen - falls nicht vorhanden - die Herstellkosten zusätzlich ermittelt werden.
- Es ist keine Erfolgsanalyse möglich, weil die Kosten nach Kostenarten gegliedert und die Erlöse nach Produktarten gegliedert miteinander verglichen werden. Das Gesamtkostenverfahren ist damit nur für Einproduktunternehmen im Hinblick auf die Planung, Steuerung und Kontrolle geeignet.

2.3.3.3 Umsatzkostenverfahren

Das Betriebsergebnis wird beim Umsatzkostenverfahren durch die Gegenüberstellung der Selbstkosten der in einer Periode abgesetzten Produkte mit den entsprechenden Umsatzerlösen der Periode ermittelt. Dadurch wird eine Berücksichtigung von Lagerbestandsveränderungen überflüssig. Im Gegensatz zum Gesamtkostenverfahren sind sowohl die Selbstkosten als auch die Umsatzerlöse nach Produktarten gegliedert. Dadurch ist für die Anwendung des Umsatzkostenverfahrens eine gut ausgebaute Kostenstellen- und Kostenträgerrechnung notwendig.

Das Betriebsergebniskonto ist damit wie folgt aufgebaut:

Soll	Haben
Selbstkosten der in der Periode abgesetzten Produkte nach Produktarten gegliedert	Umsatzerlöse der Periode nach Produktarten gegliedert
Betriebsgewinn	**Betriebsverlust**

Im Vergleich zum Gesamtkostenverfahren ist das Umsatzkostenverfahren mit einer Reihe von *Vorteilen* verbunden:

- Die aufwendige Erfassung von Lagerbestandsveränderungen ist nicht mehr notwendig.
- Aufgrund der Gegenüberstellung von Kosten und Erlösen, die jeweils nach Produktarten gegliedert sind, ist eine aussagefähige Erfolgsanalyse möglich.

Beispiel:

Die Yellow AG stellt im Monat Mai 5.000 Kulis und 2.000 Füller her. Von den Kulis wurden im Mai 4.000 Stück zu einem Stückpreis von 18 EUR abgesetzt und von den Füllern zum Preis von 24 EUR 2.500 Stück.

Die Kostenrechnung weist für den Mai Gesamtkosten in Höhe von 116.000 EUR aus. Die Herstellkosten (HK) je Kuli betragen 10 EUR, für die Füller belaufen sie sich auf 20 EUR. Die Stückherstellkosten der in den vorangegangenen Monaten auf Lager gelegten Erzeugnisse sind jeweils um 4 EUR niedriger als im Mai.

Die Verwaltungs- und Vertriebskosten (VVK) pro Stück betragen für beide Produkte jeweils 4 EUR.

Betriebsergebnis nach dem Gesamtkostenverfahren

Soll					Haben			
Gesamtkosten				Erlöse				
HK Prod. 1	5.000 · 10	=	50.000	Prod. 1	4.000 · 18	=	72.000
HK Prod. 2	2.000 · 20	=	40.000	Prod. 2	2.500 · 24	=	60.000
K_{VV} Prod. 1	4.000 · 4	=	16.000				
K_{VV} Prod. 2	2.500 · 4	=	10.000				
Lagerbestandsabnahme				Lagerbestandszunahme				
Prod. 2	500 · 16	=	8.000	Prod. 1	1.000 · 10	=	10.000
Betriebsgewinn			**18.000**				
			142.000				142.000

Betriebsergebnis nach dem Umsatzkostenverfahren

Soll					Haben			
Gesamtkosten				Erlöse				
HK Prod. 1	4.000 · 10	=	40.000	Prod. 1	4.000 · 18	=	72.000
HK Prod. 2	2.000 · 20	=	40.000	Prod. 2	2.500 · 24	=	60.000
	500 · 16	=	8.000				
K_{VV} Prod. 1	4.000 · 4	=	16.000				
K_{VV} Prod. 2	2.500 · 4	=	10.000				
Betriebsgewinn			**18.000**				
			142.000				142.000

3. Traditionelle Systeme der Kostenrechnung

3.1 Überblick über die traditionellen Kostenrechnungssysteme

Nach den Kriterien "Zeitlicher Bezug der Kosten" und "Umfang der Kostenzurechnung auf die Kostenträger", lassen sich die traditionellen Kostenrechnungssysteme klassifizieren. Die modernen Systeme bzw. Instrumente der Kostenrechnung, die meist strategischer Natur sind, werden im Kapitel 4 behandelt. Die folgende Übersicht gibt einen Überblick über die wichtigsten in Theorie und Praxis diskutierten traditionellen Kostenrechnungssysteme:

Zeitlicher Bezug / Umfang der Kostenzurechnung	Istkosten- und Istleistungsrechnungen	Plankosten- und Planleistungsrechnungen
Vollkostenrechnung	Istkosten- und Istleistungsrechnung auf Vollkostenbasis	Plankosten- und Planleistungsrechnung auf Vollkostenbasis • starre • flexible

Teilkostenrechnung	Istkosten- und Istleistungsrechnung auf Teilkostenbasis	Plankosten- und Planleistungsrechnung auf Teilkostenbasis
		• variable Kosten
		• (einstufiges) Direct Costing
		  - mehrstufige Deckungsbeitragsrechnung
		  - Grenzplankostenrechnung
		• relative Einzelkosten

kombinierte Rechnungen		Fixkostendeckungsrechnung

Übers. 3.1: Überblick über die traditionellen Kostenrechnungssysteme

(1) Ist-, Normal-, und Plankostenrechnung

Nach dem Kriterium des *"Zeitlichen Bezugs der Kosten"* unterscheidet man Ist-, Normal- und Plankostenrechnungen. Die *Istkostenrechnung* hat die Ermittlung der effektiv angefallenen Kosten im Rahmen einer Nachrechnung zum Gegenstand. Aufgrund der ausschließlichen Orientierung an Istgrößen der Vergangenheit erweist sich die Istkostenrechnung insbesondere für die Planung und Steuerung als ungeeignet.

Auch die *Normalkostenrechnung* orientiert sich an realisierten Werten. Im Vergleich zur Istkostenrechnung werden aber durchschnittliche oder bereinigte Normalkostensätze verwendet, die sich aus vergangenen Istwerten ableiten. Die Mängel der Istkostenrechnung bleiben damit erhalten.

Dagegen arbeitet die *Plankostenrechnung* als Vorrechnung mit geplanten Kosten, die unabhängig von vergangenen Istgrößen bestimmt werden. Die festgelegten Plankosten ermöglichen zudem durch Gegenüberstellung der Istkosten eine aussagefähige Kostenkontrolle und Analyse von auftretenden Kostenabweichungen.

(2) Voll- und Teilkostenrechnung

Nach dem Kriterium "Umfang der Kostenzurechnung auf die Kostenträger" unterscheidet man Systeme der Voll- und der Teilkostenrechnung. Bei der Vollkostenrechnung werden die gesamten Kosten auf die Kostenträger verteilt. Dabei rechnet man die Einzelkosten den Kostenträgern direkt zu, wohingegen die Gemeinkosten über die Kostenstellenrechnung zugeordnet werden. Bei der Teilkostenrechnung findet dagegen nur eine teilweise Verrechnung der Gesamtkosten auf die Kostenträger statt.

3.2 Vollkostenrechnung

In der *Vollkostenrechnung* werden alle Kosten, ausgehend von der Kostenartenrechnung in mehreren Abrechnungsschritten über die Kostenstellen- und Kostenträgerrechnung auf die Kalkulationsobjekte verrechnet. Die Übersicht 3.2 verdeutlicht, dass die Kostenartenrechnung in den Systemen der Voll- und Teilkostenrechnung keine Unterschiede aufweist. Die wesentlichen Unterschiede liegen also im Umfang der Kostenzurechnung in der Kostenstellenrechnung und vor allem in der Kostenträgerrechnung (vgl. Übers. 3.3 und 3.4)

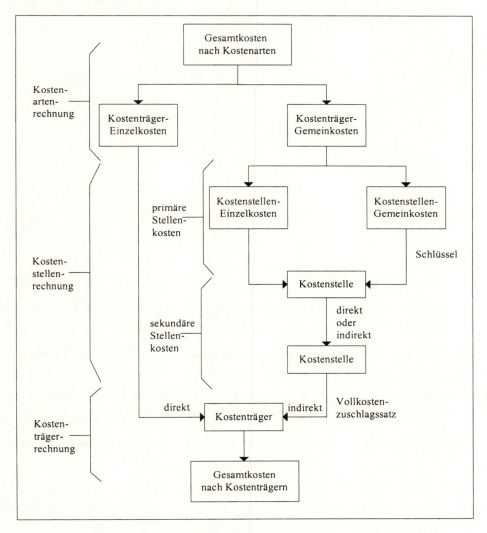

Übers. 3.2: Grundablaufschema der Vollkostenrechnung

3.2.1 Ablauf der Vollkostenrechnung

Während die den Kostenträgern direkt zurechenbaren Einzelkosten (Kostenträger-Einzelkosten) quasi "an der Kostenstellenrechnung vorbei" auf die Kostenträger verteilt werden, vollzieht sich die Verrechnung der Gemeinkosten (*Gemeinkostenschlüsselung*) in folgenden Phasen:

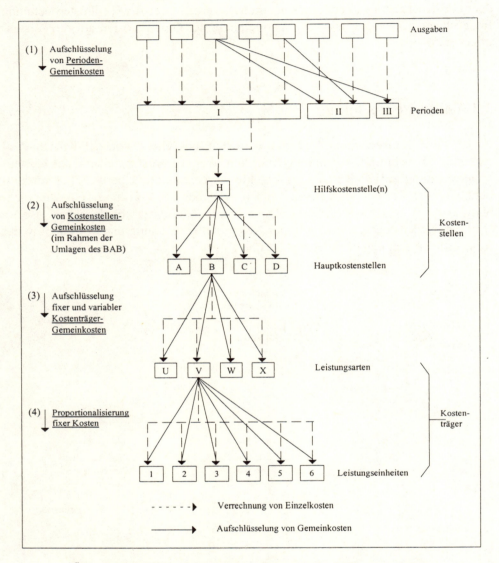

Übers. 3.3: Aufschlüsselung von Gemeinkosten in der Vollkostenrechnung

(1) Schlüsselung der Periodengemeinkosten in der Kostenartenrechnung

Hier werden Kosten (genauer gesagt Auszahlungen), die für mehrere Perioden gemeinsam anfallen und eigentlich nur diesen Perioden gemeinsam zugerechnet werden können, auf die einzelnen Perioden verteilt (z. B. Abschreibungen).

(2) Schlüsselung der Kostenstellengemeinkosten in der Kostenstellenrechnung

Im Rahmen der innerbetrieblichen Leistungsverrechnung findet bei nicht direkt zurechenbaren Leistungen eine Umlage der Kosten der Hilfskostenstellen auf die Hauptkostenstellen mit Hilfe von Kostenschlüsseln statt.

(3) Schlüsselung von Kostenträgergemeinkosten in der Kostenträgerrechnung

Hier werden die für die einzelnen Hauptkostenstellen ermittelten Kosten mit Hilfe von Vollkostenzuschlagssätzen auf die Kostenträger weiter verrechnet. So erfolgt z. B. in der Maschinenstundensatzrechnung die Verrechnung der maschinenabhängigen Kosten einer Universalmaschine mittels des Maschinenstundensatzes als Einzelkosten auf die an der betreffenden Maschine gefertigten Produktarten.

(4) Fixkostenproportionalisierung in der Kostenträgerrechnung

In der Vollkostenrechnung werden auch die von der Produktions- bzw. Absatzmenge vollkommen unabhängigen Kosten (fixe Gemeinkosten), die alleine für die Periode anfallen (z. B. Versicherungen, bestimmte Steuerarten etc.), auf die erstellten bzw. abgesetzten Kostenträger verteilt.

Die Gemeinkostenschlüsselung im Rahmen der Vollkostenrechnung ermöglicht die Ermittlung "voller Kosten" für alle Kalkulationsobjekte (z. B. Kostenträger, -gruppen, Betriebsbereiche etc.). Stellt man den so ermittelten Kosten die jeweiligen Erlöse dieser Kalkulationsobjekte gegenüber, so ergibt sich der Nettoerfolg. Die Summe der Nettoerfolge aller Kostenträger führt zum Betriebsergebnis. Die Vollkostenrechnung ist also als *Nettoerfolgsrechnung* konzipiert.

3.2.2 Mängel der Vollkostenrechnung

Bei der Beurteilung der Vollkostenrechnung ist zwischen den Mängeln von Istkostenrechnungen, die meist als Vollkostenrechnungen durchgeführt werden und den grundsätzlichen Mängeln von Vollkostenrechnungen zu unterscheiden.

(1) Mängel von Istkostenrechnungen

Die Vollkostenrechnung auf Basis von Istkosten gilt heute als veraltet, da sie die kostenrechnerischen Aufgaben (Planung, Steuerung und Kontrolle) nur unzureichend erfüllt. So müssen in jeder Abrechnungsperiode neue *Istkosten- und Kalkulationssätze* für die innerbetriebliche Leistungsverrechnung und die Kostenträgerrechnung ermittelt werden.

Auch die Zielsetzung der Vollkostenrechnung in Form der *laufenden Nachkalkulation* der Kostenträger erweist sich nur in Betrieben mit Auftrags- bzw. Einzelfertigung (z. B. Musterschneiderei) als sinnvoll. Dagegen sollte in Betrieben mit Serien- oder Massenfertigung eine Ermittlung vorkalkulierter Selbstkosten in Form von Plankosten erfolgen.

Für eine aussagefähige Kostenkontrolle fehlt es an den erforderlichen Vergleichsgrößen in Form von Plan- oder Sollkosten. Diese stehen auch für die auf die Zukunft gerichteten Entscheidungen (z. B. Änderungen des Produktionsprogramms) nicht zur Verfügung. Damit ist das Hauptproblem der Istkostenrechnung die grundsätzliche Orientierung an *Vergangenheitsgrößen*.

(2) Grundsätzliche Mängel von Vollkostenrechnungen

Die Hauptkritikpunkte an den Systemen der Vollkostenrechnung betrifft die

- Gemeinkostenschlüsselung und
- Fixkostenproportionalisierung,

die (in der Regel) nicht verursachungsgerecht vorgenommen werden können.

Die *Gemeinkostenschlüsselung* kann nur dann verursachungsgerecht erfolgen, wenn zwischen den Gemeinkosten und den Bezugsgrößen eindeutige Beziehungen bestehen. Wenn jedoch mehrere Kosteneinflussgrößen gemeinsam die Höhe der Gemeinkosten bestimmen, erscheint eine verursachungsgerechte Zurechnung unmöglich.

Bei der *Fixkostenproportionalisierung* stellt sich das Problem etwas anders dar. Bestimmend für die Fixkostenbelastung sind grundsätzlich langfristige Entscheidungen (z. B. Investitions-, Organisations-, und Personalentscheidungen). Die Höhe der Fixkosten wird daher grundsätzlich von mehreren Kosteneinflussgrößen gemeinsam bestimmt. Damit ist aber eine verursachungsgerechte Fixkostenverteilung *unmöglich*.

Aus dieser grundsätzlichen Problematik ergeben sich die folgenden *Mängel der Vollkostenrechnung*:

(1) Mangelhafte Aussagefähigkeit der Nettoerfolgsgrößen im Hinblick auf die Vorbereitung und Kontrolle unternehmerischer Entscheidungen,

(2) Fehler bei der Erfolgsplanung und -analyse durch Orientierung an Nettostückgewinnen,

(3) fehlende Kostenspaltung in fixe und proportionale Bestandteile,

(4) Gefahren für die Programmplanung und -analyse (z. B. Eliminierung von Produkten, die noch einen positiven Deckungsbeitrag liefern),

(5) Vernachlässigung betrieblicher Engpässe (z. B. keine Ermittlung von engpassbezogenen Deckungsbeiträgen),

(7) Gefahr von Fehlentscheidungen bei der Wahl zwischen Eigen- und Fremdfertigung,

(6) Gefahren für die Preiskalkulation:

  (a) Gefahr der Orientierung an der Ist-Beschäftigung (z. B. Gefahr des "Sich-aus-dem-Markt-heraus-Kalkulierens", indem Produkte, die unterbeschäftigte Stellen durchlaufen, mit hohen Gemeinkosten-Zuschlagssätzen belastet werden);

  (b) Abhängigkeit der Selbstkosten eines Produktes von der bei der Kalkulation zugrundegelegten Struktur des Fertigungsprogramms;

  (c) Gefahr, dass die Preise und das Produktionsprogramm allein aufgrund von Veränderungen der Gemeinkostenzuschlagssätze verändert werden;

  (d) Verkaufsabteilungen sind nicht in der Lage, den Anteil der für kurzfristige Verkaufsentscheidungen nicht relevanten Fixkosten an den Selbstkosten zu bestimmen;

  (e) bei preispolitischen Entscheidungen wird nicht nach der Frist, für die die Entscheidung Gültigkeit haben soll, unterschieden.

Die Mängel der Vollkostenrechnung führen zu Einschränkungen hinsichtlich der Aussagefähigkeit und der Verwendbarkeit der Systeme der Vollkostenrechnung, sowohl für die Planung und Steuerung als auch für die Kontrolle. Dies soll im Folgenden anhand eines Beispiels verdeutlicht werden.

Beispiel:

Ein Unternehmen produziert drei Produkte. In der Fertigung liegen keine Engpässe vor. Am Ende der Periode ergeben sich für die einzelnen Produkte die folgenden Werte (in EUR):

Produktart	Absatzmenge	Umsatzerlöse	Vollkosten	Gewinn
1	1.000	5.000	4.000	1.000
2	600	3.600	3.000	600
3	1.000	5.600	6.000	- 400
				1.200

Die Vollkostenrechnung legt die Entscheidung nahe, das Produkt 3 aus dem Produktionsprogramm zu streichen, da es einen Verlust in Höhe von 400 EUR verursacht. Stattdessen soll die Herstellung und der Absatz der Produkte 1 und 2 um jeweils 400 Einheiten erhöht werden. Man verspricht sich davon eine Steigerung des Betriebsgewinns um 1.200 EUR, da Produkt 1 und 2 jeweils einen Gewinn von 1 EUR/Stck. erzielen und der Verlustbeitrag von Produkt 3 entfällt.

Nach Durchführung dieser Maßnahme tritt die erwartete Gewinnsteigerung aber nicht ein, es ergibt sich vielmehr ein Verlust von 800 EUR. Die Ursachen dafür werden ersichtlich, wenn man, wie in der Teilkostenrechnung üblich, die Gesamtkosten in ihre fixen und variablen Bestandteile zerlegt. Die gesamten Fixkosten in Höhe von 5.600 EUR müssen jetzt allein durch die Umsatzerlöse aus dem gesteigerten Absatz der Produkte 1 und 2 abgedeckt werden:

Produktart	Absatzmenge	Umsatzerlöse	Variable Kosten	Deckungsbeitrag
1	1.400	7.000	4.200	2.800
2	1.000	6.000	4.000	2.000
Gesamt		13.000	8.200	4.800
			- Fixe Kosten:	5.600
			= Verlust:	**- 800**

Die nachfolgende Tabelle macht deutlich, dass Produkt 3 den höchsten Beitrag zur Deckung der fixen Kosten erbringt (Deckungsbeitrag = Erlös - variable Kosten). Wird Produkt 3 aus dem Produktionsprogramm gestrichen, wie es die Vollkostenrechnung nahelegt, so führt dies zu einer wesentlich höheren Fixkostenbelastung für die verbleibenden Produkte. Dies gilt allerdings nur, wenn die Streichung des Produktes 3 zu keinem Fixkostenabbau führt; die Höhe der Fixkosten also auch nach dem Wegfall von Produkt 3 unverändert bleibt.

Produktart	Absatzmenge	Umsatzerlöse	Variable Kosten	Vollkosten	Deckungsbeitrag
1	1.000	5.000	3.000	4.000	2.000
2	600	3.600	2.400	3.000	1.200
3	1.000	5.600	2.000	6.000	3.600
Gesamt		14.200	7.400	13.000	6.800
				- Fixe Kosten:	5.600
				= Verlust:	**1.200**

Das Beispiel zeigt, dass insbesondere bei kurzfristigen Entscheidungen, wie sie die Programmplanung im operativen Bereich darstellt, eine Orientierung an den Nettoerfolgen (Stückgewinne) aus der Vollkostenrechnung zu Fehlentscheidungen führen kann. In diesen Fällen liefert die Teilkostenrechnung die besseren Ergebnisse.

3.3 Teilkostenrechnung

3.3.1 Ablauf der Teilkostenrechnung

Teilkostenrechnungen sind dadurch gekennzeichnet, dass bei ihnen nicht die gesamten Kosten auf die Kostenträger zugerechnet werden. Im Unterschied zum Grundablaufschema der Vollkostenrechnung (vgl. Übers. 3.2) kommt also nicht ein Vollkostenzuschlagssatz zur Anwendung, sondern es wird lediglich ein Grenz-(Teil-) kostenzuschlagssatz zur Verrechnung der variablen Kostenträger-Gemeinkosten ermittelt, und die gesamten Fixkosten werden als Block in die Erfolgsrechnung eingebracht (vgl. Übers. 3.4).

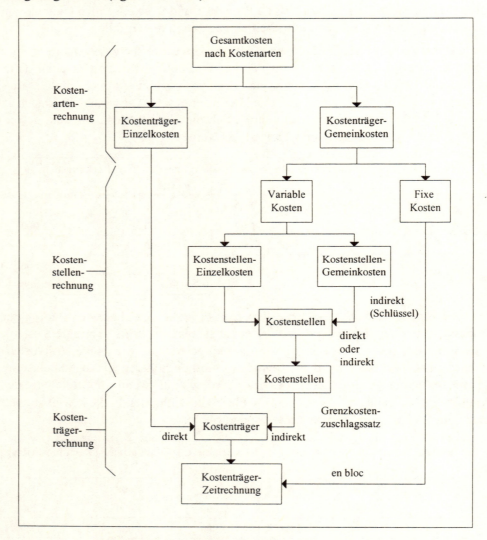

Übers. 3.4: Grundablaufschema der Teilkostenrechnung
(Einfaches Direct Costing)

In der *Kostenartenrechnung* bedarf es bei der Teilkostenrechnung unbedingt der Kostenauflösung in fixe und variable Bestandteile. In der *Kostenstellenrechnung* wird lediglich der variable Kostenbestandteil der Kostenträgergemeinkosten auf die Kostenstellen verrechnet. Auch bei der Kostenstellenumlage und der Bestimmung der Zuschlagssätze für die Hauptkostenstellen setzt man nur die variablen Kosten an. Die Kostenträgereinzelkosten werden in der Regel nicht auf die Kostenstellen zugerechnet. Soll jedoch eine kostenstellenweise Planung und Kontrolle der Lohn-Einzelkosten erfolgen, so können die Fertigungslöhne wie Kostenträgergemeinkosten behandelt und über die Kostenstellenrechnung verrechnet werden.

Die entscheidende Voraussetzung für die Durchführung von Teilkostenrechnungen ist damit die *Auflösung der Gesamtkosten* in verschiedene Kostenkategorien (vgl. Kap. 1.3.2), auf denen die Ausprägungsformen der Teilkostenrechnungen basieren.

Kostenauflösung in	Kriterium	Teilkostenrechnungssystem
Fixe und variable Kosten	Veränderlichkeit bei Beschäftigungsschwankungen	Teilkostenrechnung auf Basis variabler Kosten
Grenz- und Residualkosten	Veränderlichkeit bei (infinitesimaler) Variation der Kosteneinflussgröße	Grenzplankostenrechnung
Einzel- und Gemeinkosten	Zurechenbarkeit auf einen Kostenträger	Teilkostenrechnung auf Basis relativer Einzelkosten

Übers. 3.5: Kostenkategorien und Teilkostenrechnungssysteme

Die *Kostenplanung* erfolgt in der Regel analytisch je Kostenart und Kostenstelle. Den Kern der Kostenplanung stellt die *Bezugsgrößenwahl* dar. Unter einer Bezugsgröße versteht man im allgemeinen eine Maßgröße für die Ausbringung einer Kostenstelle. Wenn sich die Ausbringung einer Kostenstelle mit vertretbarem wirtschaftlichen Aufwand quantifizieren lässt, so spricht man von direkten Bezugsgrößen. Indirekte Bezugsgrößen müssen dann herangezogen werden, wenn die Ausbringung einer Kostenstelle nicht quantifizierbar ist oder deren Erfassung wirtschaftlich nicht vertretbar erscheint. Die Verwendung von indirekten Bezugsgrößen sollte aber auf ein unvermeidliches Mindestmaß beschränkt bleiben.

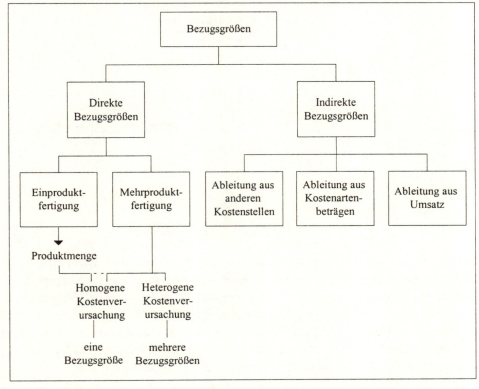

Übers. 3.6: Überblick über die Arten von Bezugsgrößen

Darüber hinaus hat die *Art der Kostenverursachung* einen entscheidenden Einfluss auf die Bezugsgrößenwahl. Man unterscheidet eine:

- homogene Kostenverursachung und eine
- heterogene Kostenverursachung.

Eine *homogene Kostenverursachung* liegt vor, wenn:

- nur eine Kosteneinflussgröße wirksam ist oder bei mehreren wirksamen Kosteneinflussgrößen sich diese proportional zueinander verhalten und
- die Bedingungen, unter denen die Verfahren oder Prozesse ablaufen, konstant sind (z. B. immer die gleiche Drehzahl an einer Maschine).

Sofern eine homogene Kostenverursachung vorliegt, ist nur eine Bezugsgröße für die Kostenplanung notwendig.

Das Vorliegen von *heterogener Kostenverursachung* macht dagegen immer *mehrere Bezugsgrößen* für die Kostenplanung *erforderlich*. Dabei unterscheidet man zwei Arten von Heterogenitäten:

- *produktbedingte* Heterogenität: Die Kostenhöhe wird von mehreren Produkteigenschaften bestimmt (z. B. variable Kosten, die sowohl von der Fertigungszeit als auch vom Produktgewicht abhängig sind).
- *verfahrensbedingte* Heterogenität: Die Leistungen einer Kostenstelle werden mit unterschiedlichen Verfahrens- oder Prozessbedingungen erstellt.

3.3.2 Systeme der Teilkostenrechnung

Als die zwei wesentlichen Ausprägungsformen der Teilkostenrechnung unterscheidet man zwischen Teilkostenrechnungen auf Basis variabler Kosten und Teilkostenrechnungen auf Basis relativer Einzelkosten. Einen Überblick über die Systeme der Teilkostenrechnung liefert Übersicht 3.7.

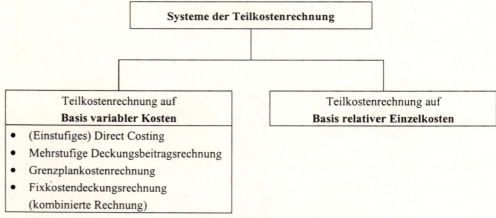

Übers. 3.7: Systeme der Teilkostenrechnung

Den Ausgangspunkt der *Teilkostenrechnung auf Basis variabler Kosten* bildet die Auflösung der Gesamtkosten in variable und fixe Kosten. Dies geschieht in der Regel in Abhängigkeit von der Veränderlichkeit der Kosten bei Variation der Beschäftigung als der wichtigsten Kosteneinflussgröße. Alle variablen Kosten, einschließlich der variablen Gemeinkosten, werden den Kostenträgern zugerechnet. Nach der Behandlung des verbleibenden Fixkostenblocks unterscheidet man verschiedene Formen der Teilkostenrechnung auf Basis variabler Kosten.

Während das *Direct Costing* die gesamten Fixkosten en bloc in die Betriebsergebnisrechnung übernimmt, wird bei der *mehrstufigen Deckungsbeitragsrechnung* von einem gegliederten Fixkostenblock ausgegangen und eine stufenweise Verrechnung der gebildeten Fixkostenanteile vom jeweils verbleibenden (Rest-) Deckungsbeitrag vorgenommen. Sofern lineare Kostenfunktionen vorliegen, was im allgemeinen unterstellt werden kann, sind die variablen Kosten pro Stück gleich den Grenzkosten. In diesem Fall entspricht die Teilkostenrechnung auf Basis zukünftig geplanter variabler Kosten der *Grenzplankostenrechnung*. Für den Fall nichtlinearer Kostenfunktionen existiert bisher noch kein vollständig entwickeltes Rechnungssystem auf der Basis von Grenzkosten.

Die von Riebel konzipierte *Teilkostenrechnung auf Basis relativer Einzelkosten* geht davon aus, dass durch die Wahl einer geeigneten Bezugsgrößenhierarchie alle Kosten direkt als Einzelkosten auf entsprechende Bezugsgrößen zurechenbar sind. Dabei werden die Kosten jeweils an derjenigen Stelle der Bezugsgrößenhierarchie ausgewiesen, an der sie gerade noch als Einzelkosten erfassbar sind.

3.3.3 Teilkostenrechnung auf Basis variabler Kosten

Charakteristisch für alle Formen der Teilkostenrechnung auf Basis variabler Kosten sind die folgenden *fünf Merkmale*:

(1) Es erfolgt eine strikte Trennung in fixe und variable Kosten.
(2) Nur die variablen Kosten werden auf die Kostenträger zugerechnet.
(3) In der Regel erfolgt ein Ausbau zu einer Erfolgsrechnung mit getrenntem Ausweis der Fixkosten.
(4) Die Bestände an fertigen und unfertigen Erzeugnissen werden zu variablen Kosten bewertet.
(5) Teilkostenrechnungen auf Basis variabler Kosten sind in der Regel als Plankostenrechnungen konzipiert.

3.3.3.1 Kostenträgerrechnung auf Basis variabler Kosten

Charakteristisch für die Kostenträgerrechnung auf der Basis variabler Kosten ist der Ausbau zu einer *Erfolgsrechnung* (*Deckungsbeitragsrechnung*) durch Einbeziehung der Leistungs- und Erlösseite. Die Kostenträgerrechnung unterteilt sich wie beschrieben in die Kostenträgerzeitrechnung oder Erfolgsrechnung und die Kostenträgerstückrechnung (vgl. Kap. 2.3).

Im Rahmen der *Kostenträgerzeitrechnung oder Erfolgsrechnung* sind die einfach und die mehrfach gestufte Betriebsergebnisrechnung zu unterscheiden (*einstufiges Direct Costing* und *mehrfach gestufte Deckungsbeitragsrechnung*). In der Kalkulation (*Kostenträgerstückrechnung*) kommen dagegen die üblichen Kalkulationsverfahren in modifizierter Form zur Anwendung, daneben kann die *Fixkostendeckungsrechnung* als Stückrechnung ausgestaltet werden.

(1) Einstufiges Direct Costing

Der Inhalt der Deckungsbeiträge ergibt sich aus der Art und der Stufung der Erfolgsrechnung. Diese wird in der Regel als *Absatzerfolgsrechnung* konzipiert, d. h. die abgesetzten Produktmengen bilden die Bezugsgrößen der Erfolgsrechnung.

Hauptziel des Direct Costing ist es, die Mängel der Vollkostenrechnung zu vermeiden und aussagefähige Kosteninformationen für die *Erfolgsplanung* und *Erfolgsanalyse*, für die *Programmplanung* und *Programmanalyse* sowie für andere absatzpolitische Entscheidungen (z. B. Preisuntergrenzen etc.) bereitzustellen. Dazu wird der Deckungsbeitrag als Überschuss des Nettoerlöses je Produktart über die variablen Kosten je Produktart ermittelt. Der Deckungsbeitrag ist danach der Betrag, der übrig bleibt, um die fixen Kosten der Periode zu decken. Dabei werden beim einfachen Direct Costing die *Fixkosten als Block* behandelt und nicht weiter aufgespalten.

Beispiel:

Produkte (Werte in EUR)	I	II	III	IV	V
Bruttopreis je Produkteinheit	42	20	37	30	25
- Erlösschmälerungen	8	4	7	6	5
Nettopreis	34	16	30	24	20
Nettoerlös der Periode je Produktart	14.960	5.760	13.800	12.840	9.800
- Variable Kosten je Produktart	10.259	2.257	9.278	8.021	4.791
Deckungsbeitrag je Produktart	4.701	3.503	4.522	4.819	5.009
Gesamtdeckungsbeitrag	22.554				
- Fixe Kosten	10.280				
Periodenerfolg	**12.274**				

Tab. 3.1: Einfach gestufte Erfolgsrechnung auf Basis variabler Kosten (Einfaches Direct Costing)

Der Unterschied zwischen dem Direct Costing und der Grenzplankostenrechnung liegt in ihrer grundsätzlichen Ausrichtung. Während das *Direct Costing* primär auf die Erfolgsrechnung gerichtet ist (Kostenträgerrechnung), liegt in der *Grenzplankostenrechnung* das Schwergewicht auf der Kostenplanung und -kontrolle der Kostenstellen (Kostenstellenrechnung).

Einerseits weist das Direct Costing einige gravierende Vorteile gegenüber der Anwendung der Vollkostenrechnung auf, wenn kurzfristige Entscheidungen zu treffen sind. Andererseits lassen sich auch einige wesentliche *Nachteile* des Direct Costing anführen:

- andere wichtige Kosteneinflussgrößen neben der Beschäftigung werden vernachlässigt (z. B. Auftragszusammensetzung),
- die Kostenauflösung erfolgt nicht immer sachgerecht (z. B. werden Fertigungslöhne als variabel eingestuft, obwohl sie kurzfristig als fix anzusehen sind),
- es wird zu sehr auf die Beschäftigungsabhängigkeit und zu wenig auf die Zurechenbarkeit abgestellt (z. B. werden variable Gemeinkosten bei der Kuppelproduktion auf die Produkte verteilt, obwohl sie nicht auf diese zurechenbar sind),
- die Fixkosten werden undifferenziert als Block behandelt, ihre Abbaufähigkeit wird nicht erkennbar.

An diesem letzten Einwand setzen die mehrfach gestufte Deckungsbeitragsrechnung sowie die Fixkostendeckungsrechnung an, indem sie den Fixkostenblock weiter aufspalten und unter Beachtung des Verursachungsprinzips auf verschiedene Bezugsebenen zurechnen.

(2) Mehrstufige Deckungsbeitragsrechnung

Bei der mehrstufigen Deckungsbeitragsrechnung wird von einem gegliederten Fixkostenblock ausgegangen und eine stufenweise Verrechnung der gebildeten Fixkostenanteile durchgeführt. Wichtig ist dabei, dass die Fixkostenanteile jeweils verursachungsgerecht auf die entsprechenden Bezugsgrößen zugerechnet und nicht einfach über Schlüssel verteilt werden. Das *Verursachungsprinzip bleibt* also bei dieser Form der Fixkostenzurechnung gewahrt. Je nach Art der zugrundegelegten Bezugsgrößen, unterscheidet man folgende *Fixkostenschichten*:

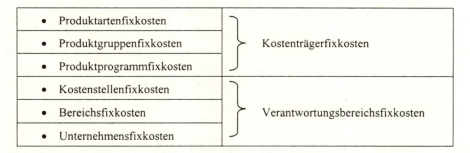

Die stufenweise Verrechnung der Fixkosten führt zu aussagefähigen Informationen für betriebliche Entscheidungen. So ergeben sich wichtige Erkenntnisse für die Programm-, Absatz- und Investitionspolitik. Durch die Bildung von Fixkostenschichten wird erkennbar, in welchem Umfang die Fixkosten in bestimmten Zeiträumen abbaufähig sind. Außerdem ermöglicht sie eine aussagefähige *Kontrolle* sowohl im Hinblick auf die Erfolgskontrolle von Produkten und Produktgruppen als auch auf die Wirtschaftlichkeitskontrolle von Kostenstellen und -bereichen.

Beispiel:

Bereiche (Werte in EUR)	1			2	
Produkte	I	II	III	IV	V
Produktgruppen	A		B	C	
Bruttoerlös	18.700	7.200	17.250	16.050	12.250
- Erlösschmälerungen	3.740	1.440	3.450	3.210	2.450
Nettoerlöse	14.960	5.760	13.800	12.840	9.800
- Variable Kosten	10.259	2.257	9.278	8.021	4.791
Deckungsbeitrag I jeder Produktart	4.701	3.503	4.522	4.819	5.009
- Produktartfixkosten			100		
Deckungsbeitrag II	4.701	3.503	4.422	4.819	5.009
Deckungsbeitrag II jeder Produktgruppe	8.204		4.422	9.828	
- Produktgruppenfixkosten	150			250	
Deckungsbeitrag III	8.054		4.422	9.578	
Deckungsbeitrag III jedes Bereichs	12.476			9.578	
- Bereichsfixkosten	4.295			4.795	
Deckungsbeitrag IV	8.181			4.783	
Deckungsbeitrag IV des Unternehmens	12.964				
- Unternehmensfixe Kosten	690				
Periodenerfolg	**12.274**				

Tab. 3.2: Mehrfach gestufte Deckungsbeitragsrechnung

(3) Fixkostendeckungsrechnung

Die Fixkostendeckungsrechnung kann als kombinierte Voll- und Teilkostenrechnung angesehen werden. In der Kostenarten- und Kostenstellenrechnung gibt es keine Unterschiede zwischen der Fixkostendeckungsrechnung und der mehrstufigen Deckungsbeitragsrechnung. Der einzige *Unterschied* tritt in der *Kostenträgerrechnung* auf, wo in der Fixkostendeckungsrechnung die jeweiligen Fixkostenanteile als Zuschlagssätze in Prozent der Deckungsbeiträge angegeben werden.

Die Fixkostendeckungsrechnung lässt sich sowohl als Kostenträgerzeitrechnung als auch als Kostenträgerstückrechnung konzipieren, wobei jeweils retrograd oder progressiv vorgegangen werden kann. Bei der *retrograden Vorgehensweise* werden die Fixkostenanteile in Prozent des vorhergehenden Deckungsbeitrages (Kostenträgerzeitrechnung) oder des vorhergehenden Stückerlöses (Kostenträgerstückrechnung) angegeben. Die *progressive Vorgehensweise* dagegen geht von den variablen Produktkosten (Kostenträgerzeitrechnung) bzw. den variablen Stückkosten (Kostenträgerstückrechnung) aus und nimmt dann eine schrittweise Addition der darauf bezogenen prozentualen Fixkostenanteile vor.

3.3.3.2 Anwendungsmöglichkeiten der Teilkostenrechnung auf Basis variabler Kosten

Die Vorteile der Teilkostenrechnung auf Basis variabler Kosten liegen vor allem im Bereich kurzfristiger Entscheidungen, bei denen von einer gegebenen Kapazität auszugehen ist, die zu Engpässen führen kann. Bei diesen Entscheidungssituationen gilt der *Grundsatz der relevanten Kosten*, nachdem lediglich die von den eigenen Entscheidungen zu beeinflussenden Kosten bei der Entscheidungsfindung zu berücksichtigen sind.

Die Vorteile der Teilkostenrechnung auf Basis variabler Kosten im Hinblick auf kurzfristige Entscheidungen sollen im Folgenden an den Beispielen der Break-Even-Analyse, der Produktionsprogrammplanung und der Bestimmung von Preisuntergrenzen aufgezeigt werden.

(1) Break-Even-Analysen

Break-Even-Analysen (*Gewinnschwellenanalyse*) setzen eine Trennung in fixe und variable Kostenbestandteile voraus. Dabei geht es darum, die (kritische) Absatzmenge (Break-Even-Punkt) zu bestimmen. Der Break-Even-Punkt gibt genau die Menge an, bei der die Gesamtkosten gerade gedeckt sind oder ein Mindestgewinn gerade realisiert wird. Die Break-Even-Analyse kann nur bei *Einproduktunternehmen* sinnvoll angewendet werden.

Beispiel:

Die Carter GmbH ist ein Unternehmen der Möbelindustrie, die nur Stühle für Veranstaltungsräume produziert. Im Juni 2000 sind folgende Kosten (in EUR) angefallen:

Fixkosten für Juni 2000		Variable Kosten pro Stuhl	
Kostenart	Wert	Kostenart	Wert
Gehalt für den Pförtner	1.200	Materialkosten	62
Gehalt für die Werksleitung	3.000	Fertigungslohn	12
Miete für die Werkshalle	2.500	Lizenzgebühren	8
Leasinggebühren für den LKW	500		

Am Markt ist mit einem Verkaufserlös pro Stuhl von 112 EUR zu rechnen.

Die kritische Absatzmenge lässt sich graphisch und analytisch bestimmen.

1. Analytische Bestimmung der kritischen Absatzmenge:

$$m_x \cdot p = K_f + k_v \cdot m_x$$
$$m_x = \frac{K_f}{p - k_v} = \frac{K_f}{d}$$

d = Deckungsbeitrag pro Stück
m_x = kritische Absatzmenge
k_v = variable Stückkosten
p = Absatzpreis pro Stück

Damit ergibt sich für die Carter GmbH die folgende kritische Absatzmenge m_x:

$$K_f = 1.200 + 3.000 + 2.500 + 500 = 7.200$$
$$k_v = 62 + 12 + 8 = 82$$
$$d = 112 - 82 = 30$$
$$m_x = \frac{7.200}{30} = 240$$

Die kritische Absatzmenge verschiebt sich natürlich, wenn sich die Bestimmungsgrößen verändern. Erhöhen sich z. B. der Verkaufspreis auf 122 EUR und die Leasinggebühren auf 1.300 EUR, so liegt die kritische Absatzmenge bei:

$$m_x = \frac{8.000}{40} = 200$$

2. Graphische Bestimmung der kritischen Absatzmenge:

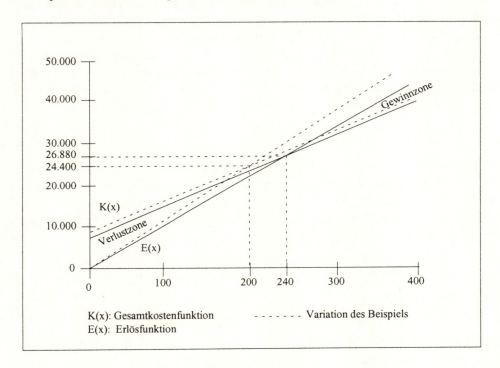

Abb. 3.1: *Graphische Bestimmung des Break-Even-Punktes bei Einproduktfertigung*

(2) Produktionsprogrammplanung

Zur Bestimmung des optimalen Produktions- und Absatzprogramms ist bei gegebenen Einsatz- und Absatzpreisen eine Maximierung des Gesamtdeckungsbeitrags anzustreben. Sofern *kein Engpass* vorliegt, sind alle Produkte mit einem positiven Deckungsbeitrag in das Produktionsprogramm aufzunehmen, da diese alle einen Beitrag zur Deckung der Fixkosten leisten.

Schwieriger wird die Bestimmung des Produktionsprogramms, wenn sich ein Engpass ergibt. Handelt es sich dabei um einen *Absatzengpass*, so sind von allen Produktarten mit einem positiven Stück-Deckungsbeitrag die jeweils absetzbaren Höchstmengen herzustellen.

Wenn ein *Fertigungsengpass* besteht, ist zu berücksichtigen, in welchem Umfang jedes Produkt den Engpass beansprucht (z. B. wie viele Minuten für die Fertigung eines Produkts an der Engpassmaschine nötig sind). Entscheidend für die Aufnahme ins Produktionsprogramm ist dann nicht mehr der Stückdeckungsbeitrag allein, sondern der Deckungsbeitrag, den das Produkt pro Einheit des beanspruchten Engpassaggregates liefert (engpassbezogener, spezifischer oder relativer Deckungsbeitrag). Dabei bildet der Produktionskoeffizient das Maß für die Beanspruchung der Engpasseinheit. Der *spezifische Deckungsbeitrag* gibt an, wie das Produkt den Engpass wirtschaftlich nutzen kann.

Um zum spezifischen Deckungsbeitrag zu gelangen, werden zunächst die Stückdeckungsbeiträge aller Produkte durch die jeweiligen Produktionskoeffizienten (im Beispiel die Maschinenbelegungszeiten) dividiert:

$$\text{spezifischer Deckungsbeitrag} = \frac{\text{Stückdeckungsbeitrag}}{\text{Produktionskoeffizient}}$$

Auf Basis der engpassbezogenen Deckungsbeiträge wird dann eine Reihenfolge aufgestellt (Rang), nach der die Produkte in das Produktionsprogramm aufgenommen werden. Das Produkt mit dem höchsten spezifischen Deckungsbeitrag wird möglichst in seiner Höchstmenge produziert. Dabei ist der Kapazitätsbedarf der entsprechend der Reihenfolge der spezifischen Deckungsbeiträge in das Produktionsprogramm aufgenommenen Produkte zu ermitteln und zu überprüfen, ob die Kapazität durch die Aufnahme des jeweils nächsten Produktes ausgelastet wird.

Beispiel:

Mit einer Fertigbetonmaschine kann die Bauco AG vier verschiedene Fertigbetonteile herstellen. Es ist das gewinnmaximale Produktionsprogramm und der zugehörige Gewinn zu ermitteln, wenn die angegebenen Absatzmengen geplante Höchstmengen darstellen und *kein Fertigungsengpass* auftritt. Alle Wertangaben erfolgen in EUR:

Produkt	A	B	C	D
Absatzmenge (Stück)	5.000	3.000	8.000	2.000
Selbstkosten (EUR pro Stück)	8	12	6	20
Variable Stückkosten (EUR pro Stück)	6	9	5	13
Verkaufspreis (EUR pro Stück)	10	15	7	18

Wenn kein Fertigungsengpass auftritt, werden alle Produkte mit *positivem Deckungsbeitrag* in den jeweiligen absetzbaren Höchstmengen produziert. Der Nettoerfolg ergibt sich dann wie folgt:

Produkt	A	B	C	D	Σ
Gesamtselbstkosten (EUR)	40.000	36.000	48.000	40.000	164.000
Gesamtumsatzerlöse (EUR)	50.000	45.000	56.000	36.000	187.000
Nettoerfolg:					**23.000**

Nun soll weiter unterstellt werden, dass die Fertigungskapazität der Fertigbetonmaschine auf eine Gesamtkapazität von 155 Stunden pro Periode begrenzt ist. Weiterhin sollen die folgenden Maschinenbelegungszeiten (Stunden pro Stück) für die einzelnen Produkte gelten:

Produkt	DB je Stück	Maschinen-belegungszeit	engpass-bezogener DB	Rang	Produktions-menge	benötigte Kapazität
A	4	0,02	200	3	4.900	98
B	6	0,06	100	4	-	-
C	2	0,004	500	1	8.000	32
D	5	0,0125	400	2	2.000	25
Gesamt:					14.900	155

Laut der Aufstellung kann die Bauco AG nur noch 4.900 Einheiten der Fertigbetonteile von Produkt A produzieren, da die Fertigung der Produkte C und D bereits 57 der verfügbaren 155 Fertigungsstunden beansprucht.

Das optimale Produktionsprogramm lautet dann: C 8.000 Stück, D 2.000 Stück und A 4.900 Stück. Dies führt zu folgendem Gesamtdeckungsbeitrag, zu dessen Berechnung wieder vom tatsächlichen Stückdeckungsbeitrag auszugehen ist:

Produkt	DB je Stück	Produktionsmenge	Gesamt-DB
C	2	8.000	16.000
D	5	2.000	10.000
A	4	4.900	19.600
Gesamt:			45.600

Bei der Berechnung des Nettoerfolges (Vollkostenrechnung) ist zu berücksichtigen, dass die Fixkosten nicht vom tatsächlichen Produktionsprogramm abhängen, sondern unabhängig davon in voller Höhe in der Periode anfallen. Sie sind aus den geplanten Stückselbstkosten abzuleiten, die dem ursprünglich geplanten Programm (ohne Engpass) zugrunde liegen. Der Nettoerfolg berechnet sich daher wie folgt:

Deckungsbeitrag gemäß opt. Produktionsprogramm:			45.600
Fixkosten der Periode :			
Produkt	Menge	Fixkosten pro Stück	
A	5.000	2	- 10.000
B	3.000	3	- 9.000
C	8.000	1	- 8.000
D	2.000	7	- 14.000
Nettoerfolg:			4.600

Bei *mehreren Engpässen* ist zur Bestimmung des optimalen Produktions- und Absatzprogramms ein simultaner Lösungsansatz über ein lineares Gleichungssystem erforderlich.

(3) Bestimmung von Preisuntergrenzen

Im Unterschied zur Vollkostenrechnung, die von den Gesamtkosten ausgehend die Ermittlung eines an den Stückkosten orientierten Preises nahe legt (*kostenorientierte Preisfindung*), geht die Teilkostenrechnung bei der Preisfindung in der Regel von gegebenen Marktpreisen aus (*marktorientierte Preisfindung*). In einem retrograden Vorgehen wird ermittelt, ob die Preise die anfallenden Kosten abdecken.

Insbesondere im Hinblick auf die Ermittlung von Preisgrenzen als Informationen für preispolitische Entscheidungen, bietet die Teilkostenrechnung bedeutende Vor-

Insbesondere im Hinblick auf die Ermittlung von Preisgrenzen als Informationen für preispolitische Entscheidungen, bietet die Teilkostenrechnung bedeutende Vorteile. Dabei kann es sich um die Ermittlung von *Preisuntergrenzen für Absatzgüter* oder von *Preisobergrenzen für Beschaffungsgüter* handeln.

Die Teilkostenrechnung liefert alle für die Preisgrenzenbestimmung benötigten Informationen. Häufig werden neben den variablen Kosten auch noch abbaufähige bzw. zusätzliche Fixkosten, Lagerkosten sowie Grenzdeckungsbeiträge oder Opportunitätskosten berücksichtigt. Dabei leistet insbesondere die mehrstufige Deckungsbeitragsrechnung mit ihrer Gliederung der Fixkostenblöcke wertvolle Dienste.

Bei der Bestimmung der absoluten Preisuntergrenzen spielt die Beschäftigungssituation eine wichtige Rolle. Soll z. B. die Preisuntergrenze für ein zusätzlich in das Produktionsprogramm aufzunehmendes Produkt (Zusatzprodukt) bei unveränderlichen und knappen Kapazitäten ermittelt werden, so ist neben den variablen Stückkosten des Zusatzproduktes auch der Deckungsbeitrag zu berücksichtigen, der durch die Produktion des Zusatzproduktes und der damit verbundenen Verdrängung eines anderen Produktes dem Unternehmen entgeht (*Grenzdeckungsbeitrag*). Daraus folgt beim Vorliegen eines Engpasses:

	variable Stückkosten des Zusatzproduktes
+	spezifischer DB des verdrängten Produktes · Produktionskoeffizient des Zusatzproduktes
=	Preisuntergrenze des Zusatzproduktes

3.3.4 Teilkostenrechnung auf Basis relativer Einzelkosten

Die Teilkostenrechnung auf Basis relativer Einzelkosten (*Einzelkosten- und Deckungsbeitragsrechnung*) wurde von Riebel entwickelt. Sie wird im Folgenden vereinfachend als relative Einzelkostenrechnung bezeichnet. Ihr *Hauptziel* besteht darin, über den Ausweis differenzierter Deckungsbeiträge jene Änderungen des Erfolges und seiner Komponenten aufzuzeigen, die auf bestimmte Entscheidungen bzw. Änderungen der maßgeblichen Kosten- oder Erlöseinflussgrößen zurückzuführen sind bzw. sein werden.

3.3.4.1 Grundprinzipien der Teilkostenrechnung auf Basis relativer Einzelkosten

Zu den Grundprinzipien der relativen Einzelkostenrechnung zählen:

(1) Identitätsprinzip

Die Gesamtkosten und Leistungen sind den betrieblichen Entscheidungen nach dem Identitätsprinzip zuzurechnen. Danach sollen nur die Kosten und Leistungen einander gegenübergestellt werden, die durch dieselbe identische Entscheidung verursacht worden sind. Grundlage dafür ist der entscheidungsorientierte Kostenbegriff, der die Kosten als "die mit der Entscheidung über das betrachtete Objekt ausgelösten Ausgaben" begreift (vgl. Kap. 1.3.2).

(2) Verrechnung sämtlicher Kosten als relative Einzelkosten

Sämtliche Kosten werden als *relative Einzelkosten* verrechnet, wobei die Entscheidungen des Unternehmens die Bezugsgrößen darstellen. Alle Kosten lassen sich auf bestimmte hierarchisch angeordnete Bezugsgrößen beziehen. Dabei sollen sie den Bezugsgrößen zugeordnet werden, die in der Hierarchie betrieblicher Bezugsobjekte möglichst weit unten stehen. Das *Prinzip der direkten Zurechnung* auf Bezugsgrößen darf nur in Ausnahmefällen durchbrochen werden.

(3) Umfassende Kostengliederung in der Grundrechnung

Die Grundrechnung der relativen Einzelkostenrechnung gliedert sich in drei wesentliche Bereiche:

Grundrechnung der Erlöse	Erlöse nach Produktarten, Erlösschmälerungen, -berichtigungen etc.
Grundrechnung der Kosten	Kombinierte Kostenarten-, Kostenstellen-, und Kostenträgerrechnung; Aufteilung der Kostenarten in Kostenkategorien
Grundrechnung der Potentiale	Abbildung der personellen, sachlichen und finanziellen Nutzungspotentiale sowie deren Inanspruchnahme

(4) Keine Schlüsselung echter Gemeinkosten

Ein wichtiges Merkmal der relativen Einzelkostenrechnung ist der *Verzicht auf jegliche Art der Schlüsselung* echter Gemeinkosten sowie auf die Proportionalisierung von Fixkosten. Es erfolgt also keine Schlüsselung variabler Gemeinkosten und verbundener Leistungen. Ausnahmsweise kann jedoch eine Schlüsselung unechter Gemeinkosten zulässig sein, sie sollte sich dann aber auf Auswertungsrechnungen beschränken.

(5) Auswertungsrechnungen zur Ermittlung relevanter Deckungsbeiträge

Die Ausgestaltung der *Auswertungsrechnungen* richtet sich jeweils nach den unterschiedlichen Entscheidungsproblemen. Sie beinhalten häufig einen Ausbau der relativen Einzelkostenrechnung zu einer differenzierten Deckungsbeitragsrechnung für verschiedene Bezugsgrößen. In solchen Auswertungsrechnungen sind nur die relevanten Kosten und Deckungsbeiträge zu berücksichtigen.

(6) Vorgabe von Deckungsbudgets

Für die nicht den Produkten und Aufträgen zurechenbaren Kosten und für den Erfolg einer Periode können *Deckungsbudgets* bestimmt werden, welche den Unternehmensbereichen vorgegeben werden. Besondere Bedeutung haben vor allem ausgaben- und finanzorientierte Deckungsbudgets. In diese werden lediglich Teile der Gesamtausgaben einbezogen, welche die den Produkten zurechenbaren Ausgaben (Leistungskosten) übersteigen und durch Umsatzbeiträge erwirtschaftet werden sollen. Nach unternehmenspolitischen Gesichtspunkten werden den einzelnen Unternehmensbereichen dann Anteile am gesamten Deckungsbudget vorgegeben, die diese über ihre Umsätze abzudecken haben.

3.3.4.2 Grundrechnung als kombinierte Kostenarten-, Kostenstellen- und Kostenträgerrechnung

Die *Grundrechnung* erfasst systematisch die gesamten relativen Einzelkosten (ggf. auch die unechten Gemeinkosten) eines Unternehmens, die während einer Abrechnungsperiode anfallen. Kennzeichnend für die relative Einzelkostenrechnung ist dabei die sehr umfassende Gliederung der Kosten. Die Gesamtkosten sind einerseits nach Kostenarten und nach anderen relevanten Merkmalen in Kostenkategorien gegliedert. Andererseits werden sie als relative Einzelkosten der Kostenstellen und Kostenträger sowie weiterer Bezugsgrößen (z. B. Zeitabschnitte:

Monate, Quartale) angegeben. Die Grundrechnung umschließt die Kostenarten-, Kostenstellen- und Kostenträgerrechnung und bildet die *Basis für Auswertungsrechnungen*.

Die Gliederung der Gesamtkosten in der Grundrechnung im sogenannten *Kostensammelbogen* erfolgt nach den beiden Kriterien Bezugsgröße und Kostenkategorie:

(1) Gliederung nach Bezugsgrößen

Als wichtigste Bezugsgrößen sind die Endprodukte als Kostenträger, die Kostenstellen sowie übergeordnete Kostenbereiche anzusehen. Mögliche zusätzliche Bezugsgrößen sind z. B. die Produkteinheit, Produktart oder Produktgruppe, aber auch einzelne Kunden, Kundengruppen, Kundenaufträge etc.

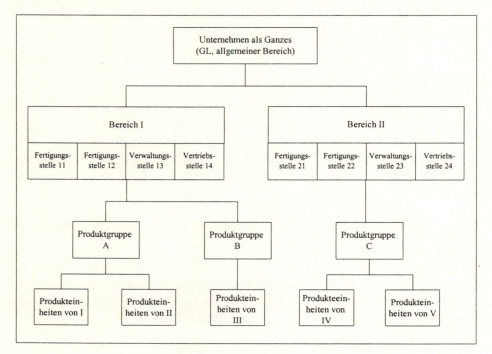

Übers. 3.8: Beispiel einer Bezugsgrößenhierarchie

(2) Gliederung nach Kostenkategorien

Als *Gliederungskriterien* für eine Gliederung nach Kostenkategorien kommen in Betracht:

- Verhalten gegenüber bestimmten Einflussgrößen,
- Disponierbarkeit,
- Zurechenbarkeit auf Abrechnungsperioden,
- Bindungsdauer,
- Aktivierungspflicht im externen Rechnungswesen,
- Speicherbarkeit von Nutzungspotentialen,
- Erfassungsgenauigkeit.

Als wichtigstes Kriterium für eine Gliederung der Gesamtkosten nach Kostenkategorien ist das *Verhalten gegenüber bestimmten Kosteneinflussgrößen* anzusehen.

Die bedeutendste *Einflussgröße* bildet dabei die *betriebliche Leistung*, was zu einer Aufteilung in

- Leistungskosten (leistungsabhängige Kosten) und
- Bereitschaftskosten (leistungsunabhängige Kosten)

führt.

Leistungskosten variieren automatisch mit Art, Menge oder Wert der erzeugten oder abgesetzten Leistungen bei gegebener Kapazität und Betriebsbereitschaft. Sie können weiter in absatzabhängige, erzeugungsabhängige und beschaffungsabhängige Leistungskosten unterteilt werden. Demgegenüber verändern sich die *Bereitschaftskosten* nur beim Auf- oder Abbau der Betriebsbereitschaft und werden aufgrund von Erwartungen über das künftige Leistungsvolumen disponiert.

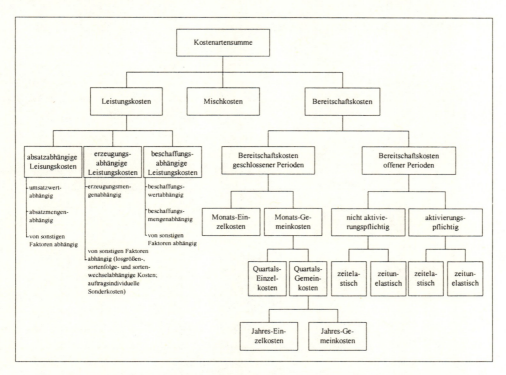

Übers. 3.9: Beispiel für eine Gliederung der Kostenarten in Kostenkategorien

Den Aufbau der Grundrechnung als kombinierte Kostenarten-, Kostenstellen- und Kostenträgerrechnung verdeutlicht die Übersicht 3.10.

				I	II	III	IV	V	VI	VII	VIII	IX	X	XI	XII	XIII	XIV
		Zurechnungsobjekte					KOSTENSTELLEN							KOSTENTRÄGER			
				Hilfsstelle	Fertigungsstellen			Materialstelle	Verwaltstelle	Vertriebsstelle	Gesamtunternehmen	Erzeugnisarten					
	Kostenkategorien		Kostenarten (Beispiele)	H	F1	F2	F3	M	WW	V	G	P1	P2	P3	P4	P5	
1	LEISTUNGSKOSTEN	absatzabhängige Kosten / absatzwertabhängige Kosten	Verkaufsprovision									20	10	5	15	10	60
2			Umsatzlizenzen									-	5	15	-	20	40
3			Zölle									5	-	-	10	5	20
4		von sonstigen Faktoren abhängige Kosten	Ausgangsfrachten							80							80
5			Verpackungskosten							50							50
6		erzeugungsabhängige Kosten / losgrößenunabhängige Kosten	Materialverluste		5	-	5										10
7			Energie		30	15	20										65
8		erzeugungsmengenabhängige Kosten	Rohstoffe	30								60	75	100	50	70	385
9			Hilfsstoffe	50								10	10	20	5	15	110
10			Energie									5	10	15	10	5	45
11			Lizenzen									10	-	-	15	-	25
12			Überstunden-Löhne			10			5			5	10	-	10	15	35
13			Personal-Leasing-Kosten						10			-	5	5	-	-	20
14		Leistungskosten		80	35	25	25	-	15	130	-	115	125	160	115	140	965
15	BEREITSCHAFTSKOSTEN	Monatseinzelkosten	Fertigungslöhne	10	80	85	70									10	225
16			Betriebsstoffe	5	10	10	5	5	5	15							55
17			Fremddienste	5	-	5	10	10	10	5							45
18			Büromaterial	5	5	10	5	5	10	10							50
19			Heizmaterial	5	10	5	10	5	5	5							45
20		Quartalseinzelkosten	Miete						30							5	35
21			Versicherung						10								10
22			Gehälter	10	20	30	25	30	40	30						10	195
23		Jahreseinzelkosten	Miete						20								20
24			Vermögenssteuer						50								50
25			Grundsteuer						5								5
26			Gewerbekapitalsteuer						10								10
27			Pacht						10								10
28			Pauschallizenzen									5					5
29		Bereitschaftskosten		40	125	145	125	55	70	65	135	-	5	-	-	25	790
30		Gesamtkosten (Zeile 14 + Zeile 29)		120	160	170	150	55	85	195	135	115	130	160	115	165	1755

Übers. 3.10: Aufbau der Grundrechnung in der relativen Einzelkosten- und Deckungsbeitragsrechnung

3.3.4.3 Auswertungsrechnungen für Kontroll- und Planungszwecke

Zur Kontrolle und Planung des Unternehmensgeschehens sind in der relativen Einzelkostenrechnung Auswertungsrechnungen zu erstellen.

(1) Kontrolle

(a) Kontrolle der Kostenstellen

Kennzeichnend für die relative Einzelkostenrechnung ist die Beschränkung der Kostenstellenkontrolle auf die vom Kostenstellenleiter tatsächlich zu beeinflussenden Kosten. Das bedeutet für die Kostenstellenrechnung, dass jeweils nur die Plan- und Istkosten gegenübergestellt werden, die von den Entscheidungen der betrachteten Kostenstellen abhängig sind.

(b) Erfolgskontrolle

In der Kostenträgerrechnung gilt es, nur die Einzelkosten zu kontrollieren, die unmittelbar und zusätzlich durch den Kostenträger verursacht werden. Für die Kontrolle und Analyse des Betriebsergebnisses müssen die Auswertungsrechnungen als Deckungsbeitragsrechnungen aufgebaut werden.

In der laufenden Betriebserfolgsrechnung sind für die abgesetzten Produkte realisierte Deckungsbeiträge auszuweisen. Die Bewertung der Halb- und Fertigfabrikate erfolgt zu kurzfristig variablen Leistungskosten.

Die Analyse des Betriebserfolges vollzieht sich wie bei der mehrfach gestuften Deckungsbeitragsrechnung auf Basis variabler Kosten. Zu beachten ist dabei, dass *Riebel* den Begriff der Leistungskosten sehr eng auslegt und deshalb die Kosten der Betriebsarbeit (Fertigungslöhne und Gehälter) und Abschreibungen nicht dem Kostenträger zurechnet.

(2) Planung

Kurzfristige Entscheidungen liegen laut *Riebel* vor, wenn die gegebene Kapazität und die Betriebsbereitschaft durch die Entscheidungen nicht beeinflusst werden. Um zu relevanten Informationen für kurzfristige Entscheidungen zu gelangen, bedarf es der Ermittlung von relevanten Deckungsbeiträgen.

(a) Produktionsprogrammplanung

Für Entscheidungen über das Produktions- und Absatzprogramm sind Stückdeckungsbeiträge zu ermitteln und die Produkte gemäß der Rangfolge der berechneten Deckungsbeiträge in das Produktions- und Absatzprogramm aufzunehmen. Bei Vorliegen eines Engpasses bilden die engpassbezogenen (spezifischen) Deckungsbeiträge die Entscheidungsgrundlage. Bei mehreren Engpässen wird wie bei der Teilkostenrechnung auf Basis variabler Kosten die Anwendung der linearen oder nichtlinearen Planungsrechnung erforderlich.

(b) Preispolitik

Bezüglich der Preiskalkulation ergibt sich in der relativen Einzelkostenrechnung ein Dilemma: einerseits sollen die Preise die gesamten Fixkosten und den Gewinn abdecken, andererseits lassen sich fixe und variable echte Gemeinkosten den Produkteinheiten objektiv nicht zurechnen. Deshalb ist der *Deckungsbedarf* zu ermitteln, der über die Erlöse aus dem Verkauf von Produkten abgedeckt werden muss. Dieser setzt sich aus den Gemeinkosten der Produkte und den Einzelkosten der Produktarten, Produktgruppen, den Unternehmensbereichen, des Unternehmens als Ganzes sowie dem Gewinn zusammen. Der Deckungsbedarf ist dann den Geschäftsbereichen nach unternehmens- und absatzpolitischen Gesichtspunkten vorzugeben.

3.3.5 Unterschiede zwischen der Teilkostenrechnung auf Basis variabler Kosten und auf Basis relativer Einzelkosten

Die wesentlichen Unterschiede zwischen Teilkostenrechnungen auf Basis variabler Kosten und auf Basis relativer Einzelkosten sind kurz in der Übersicht 3.11 zusammengefasst.

Der Hauptunterschied zwischen den beiden Formen der Teilkostenrechnung liegt in der Gliederung der Gesamtkosten nach der Zurechenbarkeit auf Bezugsgrößen bzw. nach der Veränderlichkeit bei Beschäftigungsschwankungen. Bei der relativen Einzelkostenrechnung steht die Zurechenbarkeit auf Bezugsgrößen im Vordergrund und wird konsequent angewandt. Dagegen stellt die Teilkostenrechnung auf Basis von variablen Kosten die Abhängigkeit der Kosten vom Beschäftigungsgrad als grundlegendes Merkmal in den Vordergrund.

	Teilkostenrechnung auf Basis variabler Kosten	Teilkostenrechnung auf Basis relativer Einzelkosten
Kostenbegriff	wertmäßiger Kostenbegriff	ausgabenorientierter Kostenbegriff; Kostencharakter kalkulatorischer Kosten umstritten
	Unterschiede im Umfang der abgebildeten Kosten	
Beschäftigungsmaßstab	verschiedene Bezugsgrößen; Abbildung indirekter Beziehungen zwischen Kosten und Produktionsprogramm	nur kurzfristige variable Leistungskosten als beschäftigungsvariable Kosten; indirekte Beziehungen nur berücksichtigt, wenn eindeutige Beziehungen zwischen Kosten und Produkt bestehen
Zurechnung von Lohnkosten und Abschreibungen	soweit wie möglich beide als variable Kosten verrechnet	als kurzfristig nicht variable Bereitschaftskosten behandelt
	größte Bedeutung für unterschiedliche Höhe der variablen Stückkosten und der Produkteinzelkosten	
Zurechnung der echten variablen Gemeinkosten	Schlüsselung	keine Zurechnung auf Produkte
	größere Bedeutung nur bei Unternehmen mit Kuppelproduktion	
Orientierung an Kosteneinflussgrößen	orientiert sich an eindimensionalen Kostenabhängigkeiten (Beschäftigung)	Orientierung an mehrdimensionalen Kostenabhängigkeiten (Bezugsgrößenhierarchie)

Übers. 3.11: Unterschiede zwischen der Teilkostenrechnung auf Basis variabler Kosten und auf der Basis relativer Einzelkosten

3.4 Unterschiede zwischen Teilkostenrechnung und Vollkostenrechnung

Im Folgenden sollen noch einmal die wichtigsten Unterschiede zwischen Voll- und Teilkostenrechnung systematisch dargestellt werden.

3.4.1 Unterschiede bei der Ermittlung des Betriebsergebnisses

Der *Hauptunterschied* zwischen Voll- und Teilkostenrechnung liegt, wie bereits erwähnt, *im Umfang der Kostenverrechnung* auf die Kostenträger. Hinter diesem Vorgehen stehen zwei unterschiedliche Vorstellungen über den *Charakter von Fixkosten*.

Die Vertreter der *Vollkostenrechnung* behaupten, dass die fixen Kosten notwendigerweise deshalb anfallen, weil überhaupt produziert und abgesetzt werden soll. Aus diesem Grunde sind auch die Fixkosten den Produkteinheiten anteilig zuzurechnen.

Dagegen sind die Vertreter der *Teilkostenrechnung* der Ansicht, dass sich die Fixkosten unabhängig von der betrieblichen Leistung auf die Periode beziehen. Die einzelne Leistungseinheit bestimmt also nicht die Höhe der fixen Kosten, deshalb kann man ihr auch nicht die anteiligen Fixkosten zurechnen.

Weil bei der Bewertung der Lagerbestände mittels Herstellkosten in der Vollkostenrechnung auch anteilige Fixkosten enthalten sind, können sich die Betriebsergebnisse aus Voll- und Teilkostenrechnungen allein durch die Wertansätze für die Bestandsänderungen unterscheiden:

(1) Bei einer *Bestandserhöhung* führt dies zu einem höheren Ergebnis in der Vollkostenrechnung als in der Teilkostenrechnung, weil das Betriebsergebnis um die anteiligen Fixkosten der Bestandsmehrung entlastet wird. Das bedeutet, dass durch bloße Mehrproduktion ein verbessertes Betriebsergebnis erzielt werden kann. Der Erfolg kann also durch innerbetriebliche Maßnahmen erhöht werden, ohne dass das Unternehmen mehr Produkte auf dem Markt absetzen konnte.

(2) Im Falle einer *Bestandsminderung* weist dagegen die Vollkostenrechnung das niedrigere Ergebnis aus, weil dann die anteiligen Fixkosten der Bestandsminderung zusätzlich das Betriebsergebnis belasten. Der Erfolgsbegriff der Vollkostenrechnung bewirkt also, dass die Fixkosten einer Periode nicht notwendigerweise auch in der Periode ihres Anfalls als Minderung des Betriebsergebnisses erfolgswirksam werden.

In den Systemen der *Teilkostenrechnung* gilt das *Prinzip der Erfolgsneutralität* der Bestandsänderungen, d. h. Bestandsänderungen haben keine Auswirkungen auf den Periodenerfolg, weil Bestandsänderungen lediglich zu variablen Kosten bewertet werden und dann auch nur in der Periode, in der sie anfallen:

(1) Denn *Bestandserhöhungen* bedeuten eine Erhöhung der betrieblichen Leistung. Wird diese zu variablen Kosten bewertet, so entspricht ihr Wert genau dem Kostenbetrag, der durch die Produktion der Bestandsmehrung verursacht wird.

(2) Im Falle einer *Bestandsminderung* wird unterstellt, dass für die vom Lager genommenen Güter genau dieselben variablen Stückkosten verrechnet werden wie für die neu gefertigten Güter. Durch eine bloße Mehrproduktion kann das Betriebsergebnis also nicht beeinflusst werden. Der Periodenerfolg in der Teilkostenrechnung ist allein von der Absatzmenge abhängig. Der *Erfolgsbegriff der Teilkostenrechnung* bewirkt damit, dass die Fixkosten in der Periode ihres Anfalls voll und uneingeschränkt erfolgswirksam werden.

Voll- und Teilkostenrechnungen gehen also von unterschiedlichen Erfolgsbegriffen aus und führen immer dann zu unterschiedlichen Ergebnissen, wenn Bestandsänderungen vorliegen. Dabei spielt es keine Rolle, ob die Erfolgsrechnung mit dem

Gesamtkosten- oder dem Umsatzkostenverfahren (vgl. Kap. 2.3.3) durchgeführt wird. Dies soll an einem kleinen Beispiel verdeutlicht werden.

Beispiel:

Die Stella GmbH stellt pro Monat 5.000 Blumentöpfe her. Für jeden Blumentopf entstehen 10 EUR variable Kosten. In der Abrechnungsperiode wurden 3.000 Blumentöpfe zum Preis von 20 EUR abgesetzt. Fixkosten fallen pro Monat in Höhe von 40.000 EUR an. Das monatliche Betriebsergebnis der Stella GmbH soll alternativ nach dem Gesamtkosten- und Umsatzkostenverfahren auf Basis der Vollkostenrechnung (VKR) und Teilkostenrechnung (TKR) ermittelt werden.

1. Gesamtkostenverfahren

Betriebsergebnis bei VKR			
Soll			Haben
var. Kosten	50.000	Erlöse	60.000
fixe Kosten	40.000	Bestands-mehrung	36.000
Betriebs-gewinn	6.000		
	96.000		96.000

Betriebsergebnis bei TKR			
Soll			Haben
var. Kosten	50.000	Erlöse	60.000
fixe Kosten	40.000	Bestands-mehrung	20.000
		Betriebs-verlust	10.000
	90.000		90.000

2. Umsatzkostenverfahren

Betriebsergebnis bei VKR			
Soll			Haben
var. Kosten der abgesetz-ten Güter	30.000	Erlöse	60.000
fixe Kosten der abgesetz-ten Güter	24.000		
Betriebs-gewinn	6.000		
	60.000		60.000

Betriebsergebnis bei TKR			
Soll			Haben
var. Kosten der abgesetz-ten Güter	30.000	Erlöse	60.000
fixe Kosten der Periode	40.000		
		Betriebs-verlust	10.000
	70.000		70.000

Das Beispiel verdeutlicht, dass die *Vollkostenrechnung* beim Gesamtkostenverfahren aufgrund der Bewertung der Bestandsmehrung zu vollen Kosten (variable Kosten 10 EUR/Stck. und anteilige Fixkosten 8 EUR/Stck.) und beim Umsatzkostenverfahren durch den alleinigen Ansatz der anteiligen Fixkosten der abgesetzten Einheiten (3.000 Stück · 8 EUR/Stck. = 24.000 EUR) jeweils zum höheren Betriebsergebnis gelangt. Die *Teilkostenrechnung* bewertet die Bestandsmehrung im Gesamtkostenverfahren nur zu variablen Kosten und setzt im Umsatzkostenverfahren die gesamten Fixkosten der Periode erfolgsmindernd an.

Die Unterschiede bei der Ermittlung des Betriebsergebnisses lassen sich wie folgt zusammenfassen:

- bei gleichen Absatz- und Produktionsmengen während einer Periode führen beide Kostenrechnungssysteme zum gleichen Betriebsergebnis,

- ist die Produktionsmenge in einer Periode größer als die Absatzmenge (= Bestandserhöhungen), so ist der Erfolgsausweis bei der Vollkostenrechnung höher als bei der Teilkostenrechnung,
- ist die Produktionsmenge in einer Periode kleiner als die Absatzmenge (= Bestandsminderungen), so ist der Erfolgsausweis bei der Vollkostenrechnung niedriger als bei der Teilkostenrechnung,
- die Erfolgsdifferenzen erklären sich aus der unterschiedlichen Verrechnung der Fixkosten einer Periode,
- die Erfolgsdifferenzen sind lediglich Periodendifferenzen; über die gesamte Lebensdauer eines Unternehmens betrachtet, ist das Gesamtergebnis für beide Kostenrechnungssysteme gleich.

3.4.2 Art und Umfang der Kostenabbildung

Die Unterschiede in Art und Umfang der Kostenabbildung im Rahmen der Voll- und Teilkostenrechnung sind in Übersicht 3.12 zusammengefasst. Auf Unterschiede in der Kostenabbildung zwischen den verschiedenen Formen von Teilkostenrechnungen wurde bereits hingewiesen (vgl. Übers. 3.11).

	Teilkostenrechnungen	Vollkostenrechnungen
Gliederung der Gesamtkosten	stets Auflösung in fixe und variable Kosten, so dass sich die Unterschiede vor allem in der Kostenträgerrechnung niederschlagen	Auflösung in fixe und variable Teile möglich
Behandlung von Fixkosten und echten Gemeinkosten	Verteilung nur für bestimmte Rechnungsziele	alle Gemeinkosten auf Bezugsgrößen geschlüsselt
	Tragfähigkeits- oder Durchschnittsprinzip	Beziehungen zwischen Rechnungszielen und Schlüsselgrößen nicht immer eindeutig
	konsequente Trennung in verursachungsgerechte und nicht verursachungsgerechte Abbildung	erweckt den Anschein einer realitätsgerechten Abbildung
	reale Kostenzusammenhänge werden präziser abgebildet	Aussagegehalt der Selbstkosten nur anhand des Rechnungsziels zu bestimmen

Übers. 3.12: Unterschiede zwischen Teilkostenrechnung und Vollkostenrechnung im Hinblick auf Art und Umfang der Kostenabbildung

3.4.3 Unterschiede in der Anwendbarkeit

Die Teilkostenrechnung liefert in erster Linie zweckmäßige Informationen für kurzfristige Entscheidungen, während die Vollkostenrechnung stärker auf langfristige Entscheidungsprobleme ausgerichtet ist.

Die *Überlegenheit der Teilkostenrechnungen* im Hinblick auf die *kurzfristige* Steuerung zeigt sich vor allem bei der Programmplanung und der Preispolitik. Liegen Engpässe vor, muss sich die Steuerung auch an den Opportunitätskosten oder Grenzdeckungsbeiträgen orientieren; zu deren Bestimmung liefert die Mengenplanung die relevanten Informationen. Bei nicht konstanten Absatzpreisen stellt sie wichtige Informationen für die Ermittlung kostenseitiger Preisgrenzen bereit.

Mittel- und langfristige Entscheidungen erfordern die Berücksichtigung von Veränderungen bei Fix- und Gemeinkosten. Dabei erweist sich insbesondere die Gliederung nach der Abbaufähigkeit der Fixkosten als wichtig, wie sie in der mehrfach gestuften Deckungsbeitragsrechnung und in der relativen Einzelkostenrechnung vorgenommen wird. In der Regel sind aber zusätzliche Kosteninformationen aus Sonderrechnungen nötig.

Die *Betriebskontrolle* kann in der Kostenstellenrechnung der Teilkostenrechnung einfacher als in der Vollkostenrechnung durchgeführt werden, weil keine Beschäftigungsabweichungen eliminiert werden müssen (vgl. dazu Kap. 3.5.1.3). Die relative Einzelkostenrechnung erweist sich dabei als besonders geeignet, weil die wichtigsten Entscheidungen und Einflussgrößen explizit sichtbar gemacht werden.

Die in der Teilkostenrechnung ermittelten differenzierten Deckungsbeiträge stellen eine gute Basis für die *Analyse des Betriebsergebnisses* dar. Sie geben den Einfluss kurzfristiger Produktmengenänderungen auf das Betriebsergebnis besser wieder als die Selbstkosten der Vollkostenrechnung. Eine vertiefte Ergebnisanalyse wird vor allem durch die mehrfach gestufte Deckungsbeitragsrechnung und die relative Einzelkostenrechnung ermöglicht.

Aufgrund der an Vollkosten orientierten Wertansätze in der Handels- und Steuerbilanz ergibt sich in den Systemen der Teilkostenrechnung das *Problem der Bestandsbewertung*. Die Vorschriften der Steuerbilanz führen somit dazu, dass auch in den Systemen der Teilkostenrechnung eine zusätzliche Schlüsselung der Gemeinkosten im Rahmen der Bestandsbewertung notwendig wird.

3.5 Plankostenrechnung

Die beschriebenen Mängel der Istkostenrechnung (vgl. Kap. 3.2.2) führten zur Entwicklung der Plankostenrechnung, die sowohl im Rahmen der Voll- als auch der Teilkostenrechnung Anwendung findet. Werden die geplanten Kosten nur für einen bestimmten Wert der Kosteneinflussgröße(n) (z. B. nur für eine bestimmte Ausbringungsmenge) ermittelt, so spricht man von einer *starren Plankostenrechnung*. Bei der *flexiblen Plankostenrechnung* dagegen werden die Kosten für verschiedene Ausprägungen der Kosteneinflussgröße(n) bestimmt. Daraus ergeben sich im Rahmen der Plankostenrechnung folgende Unterscheidungen:

(1) Nach dem Umfang der auf die Bezugsgrößen zugerechneten geplanten Kosten:

- Plankostenrechnung auf Vollkostenbasis
- Plankostenrechnung auf Teilkostenbasis

(2) Nach der Anzahl der berücksichtigten Planbezugsgrößen einer Kosteneinflussgröße (i. d. R. Beschäftigungsgrade):

- starre Plankostenrechnung (ein Plan-Beschäftigungsgrad)
- flexible Plankostenrechnung (mehrere Plan-Beschäftigungsgrade)

(3) Nach der Art der Kostenfunktion:

- einfache Plankostenrechnung (eindimensionale Kostenfunktion)
- mehrfache Plankostenrechnung (mehrdimensionale Kostenfunktion)

Plankostenrechnungen sind dadurch gekennzeichnet, dass sie auch eine *Vorrechnung* einschließen, welche die für die Kontrolle und die dispositiven Aufgaben benötigten Soll- bzw. Plankosten bereitstellt. Dabei werden unabhängig von den Istkosten vergangener Perioden geplante Kosten für bestimmte Planungszeiträume festgelegt. Die Systeme der Plankostenrechnung (auf Voll- und Teilkosten-Basis) bestehen somit aus drei Bestandteilen:

- Vorrechnung,
- Nachrechnung,
- Abweichungsanalyse.

3.5.1 Plankostenrechnung auf Vollkostenbasis

In der Plankostenrechnung auf Vollkostenbasis werden in der Kostenstellenrechnung die gesamten Gemeinkosten auf die Kostenstellen verteilt und in der Kostenträgerrechnung die gesamten Kosten auf die Kostenträger zugerechnet. Da häufig auch bei Plankostenrechnungen auf Vollkostenbasis in der Kostenstellenrechnung fixe und variable Kosten der Kostenstellen getrennt ausgewiesen werden, ergeben sich die wesentlichen Unterschiede zwischen der Plankostenrechnung auf Vollkostenbasis und der Plankostenrechnung auf Teilkostenbasis in der Kostenträgerrechnung.

3.5.1.1 Formen der Plankostenrechnung auf Vollkostenbasis

Als wichtigste Erscheinungsformen der Plankostenrechnung lassen sich die *Standardkostenrechnung* (Normkostenrechnung, standard accounting) und die *Prognosekostenrechnung* (Budgetkostenrechnung, budgetary-control) unterscheiden.

(1) Standardkostenrechnung

Das Hauptgewicht der Standardkostenrechnung liegt auf der Kostenstellenrechnung. Um externe, nicht von der Kostenstelle zu verantwortende Kosteneinflüsse auszuschließen, arbeitet die Standardkostenrechnung mit *Festpreisen*. Im Mittelpunkt steht die *mengenmäßige Wirtschaftlichkeit* der im Unternehmen ablaufenden Prozesse. Die Standardkostenrechnung ist damit innerbetrieblich und in erster Linie auf die *unteren und mittleren Unternehmensebenen* ausgerichtet.

Nach der Art der zugrundegelegten Beschäftigung unterscheidet man zwischen der Standardkostenrechnung auf der Basis der *Optimalbeschäftigung* und der Standardkostenrechnung auf der Basis der *Normalbeschäftigung*. Erstere geht von einem kostenoptimalen Auslastungsgrad aus, was zur Vorgabe von optimalen Plankosten führt. Die Standardkostenrechnung auf Basis der Normalbeschäftigung legt dagegen einen durchschnittlich erzielbaren Auslastungsgrad zugrunde, und es kommt zu einer Vorgabe von mittleren erreichbaren Kosten.

(2) Prognosekostenrechnung

Mit der Prognosekostenrechnung wird dagegen versucht, Informationen für die *Planung der gesamten Unternehmung* bereitzustellen. Sie ist auf die Ermittlung der tatsächlich zu erwartenden Kosten und damit auf die *wertmäßige Wirtschaftlichkeit* einer künftigen Periode ausgerichtet. Zur Bestimmung der zu erwartenden Kosten wird von einem erwarteten Beschäftigungsgrad ausgegangen und ein vorhersehbarer Mehrverbrauch (z. B. wegen der Produktion von Ausschuss) berücksichtigt.

Im Rahmen der Prognosekostenrechnung erfolgt bewusst keine Ausschaltung von externen Marktpreisschwankungen, man arbeitet also nicht mit Festpreisen, sondern mit den *erwarteten Istkosten* einer künftigen Periode. Für die Abweichungsanalyse bedeutet das, dass auch Preisabweichungen (vgl. Kap. 3.5.1.3) zu ermitteln sind. Die Prognosekostenrechnung findet in der Praxis häufiger Anwendung als die Standardkostenrechnung.

	Standardkostenrechnung	Prognosekostenrechnung
Ausrichtung	mittlere und untere Unternehmensebenen	Unternehmensleitung
Rechnungsziel	innerbetriebliche Steuerung und Kontrolle	Planung des gesamten Betriebes
Kostenbestimmung	minimale Kosten	erwartete Istkosten
Abweichungsarten	Verbrauchsabweichung, Beschäftigungsabweichung	Preisabweichung, Verbrauchsabweichung, Beschäftigungsabweichung, Prognoseabweichung

Übers. 3.13: Überblick über die Unterschiede zwischen Standard- und Prognosekostenrechnung

3.5.1.2 Kostenplanung auf Vollkostenbasis

Zur Kostenplanung müssen die Beziehungen zwischen den Kosten und ihren Bestimmungsgrößen bekannt sein, die durch *Kostenfunktionen* abgebildet werden. Um Kostenfunktionen aufstellen zu können, bedarf es genauer Untersuchungen, wie sich die Kosten in Abhängigkeit von Veränderungen der Bestimmungsgrößen entwickeln. Dazu wurden verschiedene *Verfahren der Kostenplanung* entwickelt, die sich auf zwei konzeptionell verschiedene Ansätze zurückführen lassen.

Die *statistischen Verfahren* gehen grundsätzlich von Vergangenheitswerten aus und versuchen, die Plankosten mit Hilfe von statistischen Methoden aus den Istkosten vergangener Perioden abzuleiten.

Im Gegensatz dazu werden bei den *analytischen Verfahren* der Kostenplanung die Mengen- und Zeitvorgaben mit Hilfe technisch-kostenwirtschaftlicher Analysen bestimmt. Die *analytischen Verfahren* lösen sich konsequent von Vergangenheitswerten und sind daher den statistischen Verfahren konzeptionell überlegen.

Im Folgenden kann nicht auf alle Verfahren eingegangen werden, die Übersicht 3.14 soll deshalb zumindest einen Überblick über die verschiedenen Verfahren vermitteln. Die darin enthaltenen Verfahren finden sowohl im Rahmen der Teil- als auch der Vollkostenrechnung Anwendung.

3.5 Plankostenrechnung

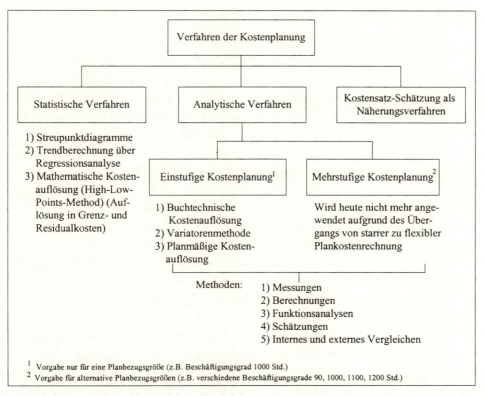

Übers. 3.14: Überblick über die Verfahren der Kostenplanung

Als das am besten geeignete analytische Verfahren erweist sich dabei die *planmäßige Kostenauflösung*. Bei diesem Verfahren wird für jede Kostenart einer Kostenstelle gesondert darüber entschieden, ob sie den fixen oder den variablen Kosten zuzurechnen ist. Da die Kostenfunktionen weitgehend von den betrieblichen Entscheidungen abhängig sind, ist eine sinnvolle Aufteilung in fixe und variable Kosten stets nur in Verbindung mit einer Kostenplanung möglich; deswegen auch die Bezeichnung planmäßige Kostenauflösung.

Ein weiteres gern verwendetes Verfahren ist die *Variatormethode*. Der *Variator v* gibt an, um welchen Prozentsatz sich die Gesamtkosten bei einer Beschäftigungsvariation von 10 % ändern. Dabei sind die Plankosten bei Planbeschäftigung zugrunde zu legen.

Beispiel:

In einer Kostenstelle wird bei einer Planbeschäftigung von 3.600 Fertigungsstunden pro Monat mit monatlichen Plankosten von 120.000 EUR gerechnet, wovon 30.000 EUR fixe Kosten sind. Der Variator v ergibt sich wie folgt:

$$v = \frac{\text{proportionale Kosten bei Planbeschäftigung}}{\text{Gesamtkosten bei Planbeschäftigung}} \cdot 10$$

$$v = \frac{120.000 - 30.000}{120.000} \cdot 10 = 7,5$$

Ein Variator in Höhe von v = 7,5 besagt, dass sich bei einer Variation der Beschäftigung um 10 % die Gesamtkosten um 7,5 % verändern oder, anders ausgedrückt, 75 % der gesamten Kosten variabel sind.

Interessant sind auch die Aussagen für die Grenzwerte v = 0 und v = 10:

v = 0   es handelt sich um rein fixe Kosten,

v = 10   es handelt sich um rein variable (proportionale) Kosten.

Die Ergebnisse der Gemeinkostenplanung für die einzelnen Kostenstellen finden in den *Kostenstellenplänen* ihren Niederschlag. Wesentliche Bestandteile dieser Pläne sind die Planbezugsgrößen (Planbeschäftigungsgrad), die Plankostenverrechnungssätze sowie die Planverbrauchsmengen und Planpreise.

3.5.1.3 Kostenkontrolle und Abweichungsanalyse auf Vollkostenbasis

Die *Kostenkontrolle* bezieht sich auf alle drei Bestandteile der Kostenrechnung, wobei allerdings unterschiedliche Schwerpunkte gesetzt werden:

(1) In der *Kostenartenrechnung* steht das Erkennen und Ausschalten exogener Einflüsse, z. B. durch Erfassen von Preisabweichungen beim Fertigungsmaterial auf Preisdifferenzkonten, im Vordergrund.

(2) Die Analyse der Abweichungsursachen in den einzelnen Kostenstellen erfolgt in der *Kostenstellenrechnung*.

(3) In der *Kostenträgerrechnung* geht es vor allem um die Gewinnung von aussagefähigen Informationen für die Programm- und Preispolitik.

In der Plankostenrechnung wird ein *Soll-Ist-Vergleich* durchgeführt, indem den Plankosten die tatsächlich realisierten Istkosten gegenübergestellt werden. Man unterscheidet zwischen einem geschlossenen und einem partiellen Soll-Ist-Vergleich.

Beim *geschlossenen Soll-Ist-Vergleich* werden alle Kostenarten in die Kontrolle einbezogen. Der Überblick über alle Kostenarten und die Vollständigkeit der Kostenstellenrechnung bleibt somit gewahrt. Allerdings wird bei dieser Art des Vergleiches häufig vom Kostenstellenleiter die von ihm zu vertretende Abweichung als vergleichsweise gering empfunden.

Der *partielle Soll-Ist-Vergleich* beschränkt sich dagegen auf die vom Kostenstellenleiter zu beeinflussenden Kostenarten. Nur diese Kostenarten werden einem Soll-Ist-Vergleich unterzogen. Die Kostenrechnung verliert dadurch zwar an Geschlossenheit, die Akzeptanz der Ergebnisse aus dem partiellen Soll-Ist-Vergleich ist aber höher, weil nur die tatsächlich vom Kostenstellenleiter zu verantwortenden Abweichungen ermittelt werden.

Der Kontrollprozess vollzieht sich in den folgenden *Phasen der Kostenkontrolle*:

(1) Istkostenerfassung,

(2) Erfassung der Istbezugsgrößen (z. B. Ist-Beschäftigungsgrad),

(3) Bestimmung der Sollkosten (Plankosten bei Ist-Beschäftigung),

(4) Ermittlung der Soll-Ist-Abweichungen,

(5) Bestimmung der auszuwertenden Abweichungen,

(6) Abweichungsanalyse,

(7) Kostendurchsprache,

(8) Ergreifung von Anpassungsmaßnahmen.

Wie dem Phasenschema zu entnehmen ist, stellt die *Abweichungsanalyse* den Mittelpunkt der Kostenkontrolle dar. Im Rahmen der Abweichungsanalyse sind zunächst die Abweichungsarten zu ermitteln. Abweichungen beruhen immer auf Änderungen der Ausprägung von Kosteneinflussgrößen gegenüber den geplanten Größen. Die Zahl der möglichen Abweichungsarten hängt folglich von der Zahl der wirksamen und berücksichtigten Kosteneinflussgrößen ab. Übersicht 3.15 soll zur Kennzeichnung der wichtigsten Abweichungsarten dienen.

Kostenein-flussgröße	Geplante Größen	Realisierte Größen	Abweichungsarten	
Einsatzgüter-preise	Planpreise q_p	Istpreise q_i	Preisabweichung	
Verbrauchs-mengen	Planverbrauchs-mengen r_p	Istverbrauchs-mengen r_i	Verbrauchs-abweichung	Mengen-abweichung
Ausbringungs-mengen	Planausbrin-gungsmengen x_p	Istausbringungs-mengen x_i	Beschäftigungs-abweichung	

Übers. 3.15: Überblick über wichtige Abweichungsarten

Die weitgehend durch externe Einflüsse bestimmte *Preisabweichung* liefert in der *Prognosekostenrechnung* Informationen über die Genauigkeit der Preisvoraussagen und den Umfang unerwarteter Preisänderungen. Die *Standardkostenrechnung* dagegen arbeitet mit Festpreisen. Preisabweichungen werden bereits vor Durchführung der eigentlichen Abweichungsanalyse eliminiert.

Zur Ermittlung der *Mengenabweichungen* wird bei der Standardkostenrechnung die Optimal- oder die Normalbeschäftigung und bei der Prognosekostenrechnung die erwartete Beschäftigung als Planbeschäftigung zugrunde gelegt. Dabei liefert ein Vergleich der Kosten der Ist-Beschäftigung mit den Kosten der Planbeschäftigung mehrere Arten von Mengenabweichungen

3.5.2 Starre Plankostenrechnung auf Vollkostenbasis

Die starre Plankostenrechnung ist eine Vorstufe der flexiblen Plankostenrechnung (vgl. Kap. 3.5.3 und 3.5.4). Bei der starren Plankostenrechnung werden die Plankosten für einen bestimmten, für die Dauer der Planperiode konstant (starr) gehaltenen Beschäftigungsgrad vorgegeben (*eine feste Planbezugsgröße*). Die für die Planbeschäftigung ermittelten Plankosten werden also nicht an Beschäftigungsschwankungen angepasst.

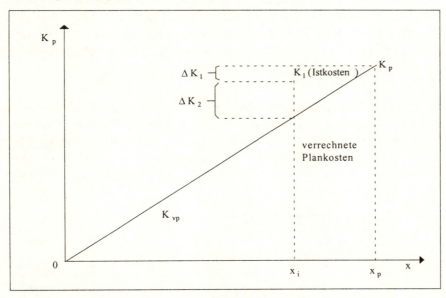

Abb. 3.2: Abweichungsanalyse in der starren Plankostenrechnung

Da die starre Plankostenrechnung in der Regel keine Kostenauflösung in fixe und variable Bestandteile kennt, wird stets nur ein Vollkostensatz errechnet, indem die gesamten Plankosten bei Planbeschäftigung durch die Planbeschäftigung dividiert und mit der Ist-Beschäftigung multipliziert werden (*verrechnete Plankosten*). Die daraus resultierenden Mängel zeigen sich insbesondere im Rahmen der Abweichungsanalyse.

Weicht die Ist-Beschäftigung von der Planbeschäftigung ab, so ergibt sich mit ΔK_1 *eine Kostenabweichung*, die keinen geeigneten Maßstab für die Wirtschaftlichkeit einer Kostenstelle darstellt. Da sich die Istkosten K_I und die Plankosten K_p jeweils auf unterschiedliche Beschäftigungsgrade beziehen, ist keine Aussage darüber möglich, in welchem Umfang die Kostenabweichung auf Beschäftigungsänderungen oder innerbetriebliche Unwirtschaftlichkeiten zurückzuführen ist. Es *fehlt* also an der *Sollkostenfunktion* als Vergleichsmaßstab, die im Rahmen der starren Plankostenrechnung nicht ermittelt werden kann.

Auch die Differenz zwischen Istkosten und verrechneten Plankosten ΔK_2 liefert aufgrund der Fixkostenproportionalisierung in den verrechneten Plankosten wenig aussagefähige Informationen. Wegen der nicht vorgegebenen Sollkostenfunktion erweist sich eine *Aufspaltung* der Kostenabweichung *in* eine *Verbrauchs- und Beschäftigungsabweichung* als *unmöglich*.

3.5.3 Flexible Plankostenrechnung auf Vollkostenbasis

Im Gegensatz zur starren Plankostenrechung erfolgt bei der flexiblen Plankostenrechnung auf Vollkostenbasis eine Kostenauflösung in fixe und variable Kosten (vgl. Kap. 3.5.1.2). Je nach Art der zugrundeliegenden Kostenfunktion unterscheidet man die

- einfache flexible Plankostenrechnung (eindimensionale Kostenfunktion) und
- mehrfache flexible Plankostenrechnung (mehrdimensionale Kostenfunktion).

3.5.3.1 Einfache flexible Plankostenrechnung

Die Abweichungsanalyse im Rahmen der einfachen flexiblen Plankostenrechnung soll anhand eines Beispiels sowohl analytisch als auch graphisch verdeutlicht werden. Dabei beschränkt sich die Darstellung allein auf die Ermittlung der Mengenabweichungen, wohingegen die Preisabweichung ausgeblendet wird.

Beispiel:

In einer Fertigungskostenstelle der Bauco AG wird bei einer Planbeschäftigung von 1.200 Fertigungsstunden pro Monat mit Plankosten in Höhe von 40.000 EUR pro Monat gerechnet, wovon 10.000 EUR fixe Kosten sind. Am Ende des Monats wird festgestellt, dass tatsächlich nur eine Beschäftigung von 900 Fertigungsstunden erzielt wurde und die Istkosten bei dieser Beschäftigung 37.500 EUR betrugen.

An gegebenen Daten liegen vor:

Istbeschäftigung	x_i	900 Std.
Planbeschäftigung	x_p	1.200 Std.
Istkosten	$K_i = C$	37.500 EUR
Plankosten bei Planbeschäftigung	$K_p = B'_0$	40.000 EUR
Fixkosten = Nutzkosten + Leerkosten	K_f	10.000 EUR

3.5 Plankostenrechnung

Zur Durchführung der Abweichungsanalyse für die Bauco AG wird zunächst eine Reihe von Werten und Funktionen bestimmt. Die jeweils angegebenen Symbole (C, B, F, O) entsprechen den in der Abbildung 3.3 verwendeten Symbolen und sollen das Nachvollziehen der Berechnungen anhand der Graphik erleichtern.

Zunächst soll die *Funktion der verrechneten Plankosten* bei Istbeschäftigung (K_{vp}) bestimmt werden:

$$K_{vp} = \frac{\text{geplante Gesamtkosten bei } x_p (= B_0)}{x_p} \cdot x_i$$

$$K_{vp} = \frac{40.000}{1.200} \cdot 900 = 30.000 \text{ EUR} = O_i$$

Über die Bestimmung der verrechneten Plankosten kommt es zur Proportionalisierung der Fixkosten, da die gesamten geplanten Kosten, welche auch die Fixkosten in Höhe von 10.000 EUR enthalten, durch die Planbeschäftigung dividiert werden. Eine sinnvolle Abweichungsanalyse ist aber erst dann möglich, wenn auch die Kostenauflösung in fixe und variable Bestandteile sich in der Kostenfunktion niederschlagen. Deshalb soll als weitere Funktion die *Sollkostenfunktion* bei Istbeschäftigung (K_s) berechnet werden. Mit Hilfe der Sollkostenfunktion lassen sich für jede beliebige Ist-Beschäftigung die entsprechenden Sollkosten ermitteln:

$$K_s = \frac{\text{Variable Kosten bei } x_p}{x_p} \cdot x_i + K_f$$

$$K_s = \frac{30.000}{1.200} \cdot 900 + 10.000 = 32.500 \text{ EUR} = B_i$$

Weiterhin lassen sich die Fixkosten in Nutzkosten und Leerkosten unterteilen. Dabei geben die Nutzkosten den Anteil an den Fixkosten wieder, der dem Verhältnis zwischen Ist- und Planbeschäftigung entspricht. Sofern die Istbeschäftigung also der Planbeschäftigung entspricht, sind die gesamten Fixkosten Nutzkosten. Dagegen stellen die Leerkosten ein Maß für die Unterbeschäftigung dar. Bei einer Istbeschäftigung von Null sind somit die gesamten Fixkosten Leerkosten. Allerdings darf nicht übersehen werden, dass sowohl Nutz- als auch Leerkosten lediglich eine verrechnungsmäßige Aufteilung der Fixkosten beim jeweiligen Beschäftigungsgrad darstellen.

K_n: Nutzkosten = Fixkosten - Leerkosten

$$K_n = \frac{K_f}{x_p} \cdot x_i = \frac{10.000}{1.200} \cdot 900 = 7.500 \text{ EUR} = F'_i$$

K_l: Leerkosten = Fixkosten - Nutzkosten (Maß für die Unterbeschäftigung)

$$K_l = K_f - \frac{K_f}{x_p} \cdot x_i = 10.000 - 7.500 = 2.500 \text{ EUR} = F'_0 - F'_i$$

Mit den nun ermittelten Größen der Plankostenrechnung lassen sich die folgenden Arten von *Mengenabweichungen* bestimmen:

Beschäftigungsabweichung:
$B_i - O_i = F'_0 - F'_i$ = Sollkosten - verrechnete Plankosten = 32.500 - 30.000 = 2.500
Verbrauchsabweichung:
$C - B_i$ = Istkosten - Sollkosten = 37.500 - 32.500 = 5.000
Gesamte Mengenabweichung:
$C - O_i$ = Beschäftigungs- + Verbrauchsabweichung = 2.500 + 5.000 = 7.500

Die ermittelten Abweichungen und Funktionen können auch der nachfolgenden Abbildung entnommen werden. Im Unterschied zur Plankostenrechnung auf Teilkostenbasis (Grenzplankostenrechnung) lassen sich Beschäftigungs- und Verbrauchsabweichungen unterscheiden, da sowohl eine Sollkostenfunktion als auch eine Funktion der verrechneten Plankosten aufgestellt wird (vgl. Abschn. 3.5.4).

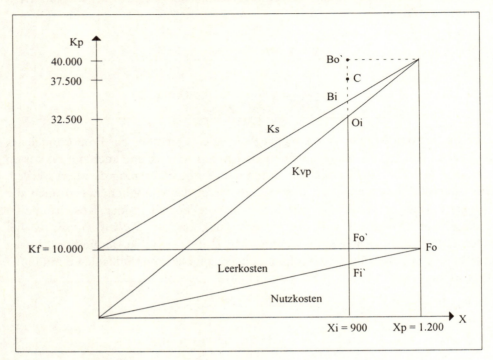

Abb. 3.3: Abweichungsanalyse in der
flexiblen Plankostenrechnung auf Vollkostenbasis

In der Regel haben die Kostenstellenleiter keinen oder nur geringen Einfluss auf die Beschäftigungssituation in der Kostenstelle. Die vom Kostenstellenleiter nicht zu vertretende Beschäftigungsabweichung ist daher zu eliminieren, bevor man die von ihm zu verantwortenden Kostenabweichungen ermittelt.

Sofern neben der Beschäftigung weitere Kosteneinflussgrößen (z. B. Intensitätsgrad, Losgröße etc.) in die Abweichungsanalyse einbezogen werden, können sogenannte *spezielle Kostenabweichungen* ermittelt werden. Weichen die Istwerte dieser Kosteneinflussgrößen von ihren geplanten Werten ab, so kommt es zu Differenzen zwischen Plan- und Istkosten. Sind die speziellen Kostenabweichungen nicht vom Kostenstellenleiter zu verantworten, so müssen sie im Rahmen der Abweichungsanalyse zunächst eliminiert werden, bevor die vom Kostenstellenleiter zu vertretenden Abweichungsarten ermittelt werden. Die Verbrauchsabweichung (vgl. im Bsp. C - B_i) muss also zunächst um die nicht vom Kostenstellenleiter zu verantwortenden speziellen Abweichungsarten bereinigt werden.

Zu den Arten von speziellen Kostenabweichungen zählen u. a. die

- Intensitätsabweichungen,
- Losgrößenabweichungen,
- Kostenabweichungen durch außerplanmäßige Auftragszusammensetzung,
- Verfahrensabweichungen,
- Mischungsabweichungen,
- Leistungs- und Ausbeuteabweichungen,
- Kostenabweichungen infolge außerplanmäßiger Bedienungssysteme.

3.5.3.2 Mehrfache flexible Plankostenrechnung

Eine exakte Kostenplanung erfordert die Berücksichtigung aller wichtigen Kosteneinflussgrößen. Es ist daher von Kostenfunktionen mit mehreren Variablen auszugehen. *Mehrdimensionale* oder *mehrvariablige Kostenfunktionen* bereiten bei der Abweichungsanalyse besondere Probleme.

(1) Mehrdimensionale Kostenfunktionen mit gegenseitig unabhängigen Einflussgrößen

In diesem Falle setzen sich die Gesamtkosten aus Teilbeträgen additiv zusammen, für die Höhe eines Teilbetrages ist jeweils nur eine Kosteneinflussgröße verantwortlich (*additiv verknüpfte Kosteneinflussgrößen*). Auftretende Kostenabweichungen lassen sich dabei *eindeutig* auf die sie verursachenden Einflussgrößen *aufspalten*.

$$
\begin{aligned}
\text{z. B. } K &= K_1 + K_2 = f(t_1) + g(t_2) \\
\Delta K &= K_i - K_p = (K_{1i} - K_{1p}) + (K_{2i} - K_{2p}) \\
&= [f(t_{1i}) - f(t_{1p})] + [g(t_{2i}) - g(t_{2p})]
\end{aligned}
$$

(2) Mehrdimensionale Kostenfunktionen mit gemeinsam wirksamen Einflussgrößen

Bei derartigen Kostenfunktionen ist eine verursachungsgerechte Aufspaltung der Gesamtabweichung nicht möglich. Ein Beispiel dafür ist eine Kostenfunktion mit den *multiplikativ verknüpften Einflussgrößen* Faktormenge (x) und Faktorpreise (q).

$$
K = q \cdot x \qquad \Delta K = K_i - K_p = q_i \cdot x_i - q_p \cdot x_p
$$
$$
\text{ferner gilt: } \quad q_i = q_p + \Delta q
$$
$$
x_i = x_p + \Delta x
$$

Nach entsprechendem Einsetzen und Umformen ergibt sich:

$$
\Delta K = \Delta q \cdot x_p + q_p \cdot \Delta x + \Delta q \cdot \Delta x
$$

Daraus lassen sich folgende Abweichungen ableiten:

Preisabweichung 1. Grades	Preisdifferenz ·	Planmenge
	Δ_q ·	r_p
Mengenabweichung 1. Grades	Planpreis ·	Mengendifferenz
	q_p ·	Δ_r
Abweichung 2. Grades	Preisdifferenz ·	Mengendifferenz
	Δ_q ·	Δ_r

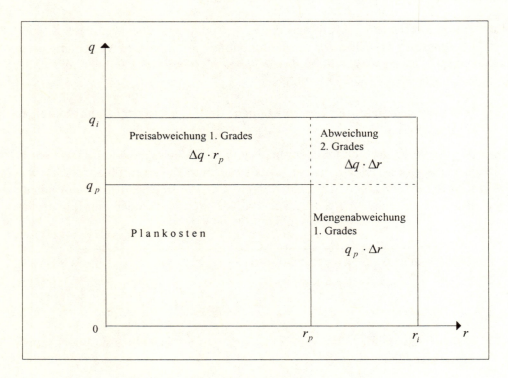

Abb. 3.4: Preis- und Mengenabweichung 1. und 2. Grades

Während die *Abweichungen 1. Grades* jeweils auf das außerplanmäßige Wirken einer Kosteneinflussgröße (Preis oder Menge) zurückzuführen sind, lässt sich die *Abweichung 2. Grades* nicht verursachungsgerecht auf eine Preis- und eine Mengenabweichung aufteilen. Sofern aber keine verursachungsgerechte Aufteilung der Abweichungen möglich ist, wird zumindest eine verrechnungsmäßige Erfassung der Teilabweichungen angestrebt. Als Verfahren stehen dazu die

- alternative,
- kumulative und
- differenziert kumulative

Abweichungsanalyse zur Verfügung.

(a) Alternative Abweichungsanalyse

Bei der *alternativen Abweichungsanalyse* als Ist-Soll-Vergleich (i = Ist, p = Soll) wird abwechselnd für jede Kosteneinflussgröße einmal ihr Planwert eingesetzt, während die restlichen Einflussgrößen jeweils mit ihren Istwerten eingehen.

Der *Nachteil* bei diesem Verfahren besteht darin, dass die Summe der so ermittelten Teilabweichungen größer ist als die Gesamtabweichung. Der Grund dafür liegt in der Mehrfacherfassung der Abweichungen höheren Grades, die jeweils in mehreren Abweichungen gleichzeitig enthalten sind.

(b) Kumulative Abweichungsanalyse

Bei der kumulativen Abweichungsanalyse als Ist-Soll-Vergleich werden dagegen sukzessive immer mehr Einflussgrößen auf Planwerte gesetzt und in die Kostenkontrolle einbezogen. Wichtig dabei ist die Festlegung der Reihenfolge der Abweichungsermittlung, weil die Abweichungen höheren Grades immer den zuerst ermittelten Abweichungen zugeordnet werden.

Die Höhe der jeweiligen Teilabweichung ist also abhängig von der gewählten Reihenfolge. Nur die zuletzt berechnete Abweichung für die Kosteneinflussgröße n stellt eine "reine" Teilabweichung dar. Deshalb sollte auch immer die tatsächlich vom Kostenstellenleiter zu verantwortende Abweichungsart zuletzt ermittelt und die Preis- und Lohnsatzabweichungen zunächst eliminiert werden.

Im Gegensatz zur analytischen, entspricht bei der kumulativen Abweichungsanalyse die Summe der Teilabweichungen der Gesamtabweichung. Allerdings müssen alle wesentlichen Kosteneinflussgrößen auch tatsächlich berücksichtigt werden, damit die zuletzt ermittelte Verbrauchsabweichung einen echten Maßstab für die innerbetriebliche Wirtschaftlichkeit darstellen kann und keine undurchsichtige Restabweichung entsteht.

(c) Differenziert-kumulative Abweichungsanalyse

Bei der differenziert-kumulativen Abweichungsanalyse werden alle Teilabweichungen, also sowohl die Teilabweichungen ersten als auch höheren Grades, getrennt ausgewiesen. Sie führt immer zur Ermittlung der richtigen Gesamtabweichung. Die Reihenfolge des Vorgehens ist dabei unerheblich und die Summe der Teilabweichungen stimmt mit der Gesamtabweichung überein. Sie stellt somit das exakteste der vorgestellten Verfahren dar, macht aber auch den höchsten Rechenaufwand erforderlich.

Das Vorgehen bei diesen drei Verfahren der Abweichungsanalyse soll anhand eines kleinen Beispiels verdeutlicht werden.

Beispiel:

In der Brauerei Flensburger AG wurde im Rahmen der Kostenplanung bei einer geplanten Ausbringung von 100 hl ihres Bestsellers "Bölkstoff" ein Planverbrauch von 5.000 kg Hopfen zu einem Planeinstandspreis von 3 EUR/kg zugrunde gelegt. Während die Ausbringung wie geplant realisiert wurde, stiegen der Verbrauch an Hopfen auf 7.500 kg und der Hopfenpreis auf 3,30 EUR/kg an.

(a) Alternative Abweichungsanalyse

ΔK_p	= $p_i \cdot x_i - p_p \cdot x_i$	= 3,3 · 7.500 − 3,0 · 7.500 =	2.250
ΔK_m	= $p_i \cdot x_i - p_i \cdot x_p$	= 3,3 · 7.500 − 3,3 · 5.000 =	8.250
= Δ Gesamt			10.500

(b) Kumulative Abweichungsanalyse

ΔK_p	= $p_i \cdot x_i - p_p \cdot x_i$	= 3,3 · 7.500 − 3,0 · 7.500 =	2.250
ΔK_m	= $p_p \cdot x_i - p_p \cdot x_p$	= 3,0 · 7.500 − 3,0 · 5.000 =	7.500
= Δ Gesamt			9.750

(c) Differenziert kumulative Abweichungsanalyse

ΔK_p	= $\Delta q \cdot x_p$	= 0,3 · 5.000 =	1.500
ΔK_m	= $q_p \cdot \Delta x$	= 3,0 · 2.500 =	7.500
ΔK_{mp}	= $\Delta q \cdot \Delta x$	= 0,3 · 2.500 =	750
= Δ Gesamt			9.750

Die Gesamtabweichung beträgt in diesem Beispiel:

$$3{,}30 \cdot 7.500 - 3{,}00 \cdot 5.000 = 9.750$$

Die unterschiedlichen Ergebnisse bei den einzelnen Verfahren haben ihre Ursache in der Behandlung der Abweichung 2. Grades.

Bei der *alternativen* Abweichungsanalyse wird die Abweichung 2. Grades $(0{,}30 \cdot 2.500 = 750)$ doppelt erfasst:

$$\Delta K_p = 1.500 + 750 = 2.250$$
$$\Delta K_m = 7.500 + 750 = 8.250$$

Aufgrund der Doppelerfassung der Abweichung 2. Grades stimmt die Summe der Teilabweichungen (10.500) auch nicht mit der Gesamtabweichung überein.

Bei der *kumulativen* Abweichungsanalyse wird die Abweichung 2. Grades komplett der Preisabweichung zugeschlagen:

$$\Delta K_p = 1.500 + 750 = 2.250$$

Die Mengenabweichung ist eine reine Teilabweichung und enthält keinen Anteil an der Abweichung 2. Grades:

$$\Delta K_m = 7.500$$

Die *differenziert kumulative Methode* weist alle Teilabweichungen, also auch die Abweichung 2. Grades getrennt aus. Die Mengen- und die Preisabweichung stellen reine Teilabweichungen dar, und die Summe aller Teilabweichungen stimmt mit der Gesamtabweichung überein.

3.5.4 Flexible Plankostenrechnung auf Teilkostenbasis

Unterschiede zwischen der Plankostenrechnung auf Vollkostenbasis und der Plankostenrechnung auf Teilkostenbasis ergeben sich in erster Linie in der Kostenträgerrechnung. Dies wird besonders bei der Abweichungsanalyse deutlich.

Der Verzicht auf die Proportionalisierung der Fixkosten in den Systemen der Teilkostenrechnung führt dazu, dass auch im Rahmen der *Kostenkontrolle* die Fixkosten unberücksichtigt bleiben. Deshalb tritt bei der *Abweichungsanalyse in der Grenzplankostenrechnung* im Unterschied zur flexiblen Plankostenrechnung auf Vollkostenbasis keine Beschäftigungsabweichung auf.

In der Grenzplankostenrechnung werden lediglich für die variablen Kosten Plankosten bzw. Sollkosten ermittelt. Da man regelmäßig einen linearen Kostenverlauf unterstellt, also variable Kosten mit den proportionalen Kosten gleichsetzt, fallen die Sollkosten mit den verrechneten Plankosten zusammen ($K_s = K_{vp}$).

$$K_s = K_{vp} = \frac{K_p}{x_p} \cdot x_i = \frac{\text{Variable Plankosten bei } x_p}{\text{Planbeschäftigung}} \cdot \text{Istbeschäftigung}$$

3.5 Plankostenrechnung

Es ergibt sich lediglich eine *Verbrauchsabweichung* aufgrund der Differenz zwischen den proportionalen Istkosten und den proportionalen Sollkosten. Für das Beispiel der Bauco AG aus Kapitel 3.5.3.1 bedeutet dies, dass die dort ermittelte Beschäftigungsabweichung in Höhe von 2.500 EUR in der Abweichungsanalyse nach der Grenzplankostenrechnung nicht auftreten kann.

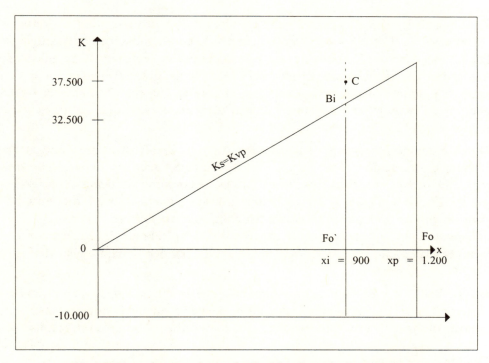

Abb. 3.5: Abweichungsanalyse in der flexiblen Grenzplankostenrechnung

Die Verbrauchsabweichung ergibt sich analog zur flexiblen Plankostenrechnung auf Vollkostenbasis:

$$K_{i(var)} \; K_{s(var)} = C - B_i = 37.500 - 32.500 = 5.000$$

Allerdings lassen sich auch in den Systemen der Teilkostenrechnung Analysen zur Fixkostenauslastung und die Ermittlung spezieller Abweichungsarten mittels geeigneter *Sonderrechnungen* durchführen. Häufig werden die Teilkostenrechnungen in einer Nebenrechnung zu Vollkostenrechnungen ergänzt, so dass Informationen aus beiden Gruppen von Systemen nebeneinander vorliegen.

4. Strategische Instrumente der Kostenrechnung

Traditionell ist die *Kostenrechnung* ein *kurzfristig ausgerichtetes Steuerungsinstrument* zur Lösung operativer Planungs-, Kontroll-, und Lenkungsaufgaben. Die Grundsteine der Kostenrechnung wurden Ende der sechziger Jahre gelegt. Zu dieser Zeit war das Umfeld der meisten Unternehmen gekennzeichnet durch Verkäufermärkte und Massenproduktion. Dieses Umfeld hat sich seit Ende der siebziger Jahre drastisch verändert und mit ihm veränderte sich auch der Prozess der betrieblichen Leistungserstellung und Wertschöpfung.

Durch die angesprochenen Veränderungen kam es zum Ausbau der strategischen Planungsinstrumente in Theorie und Praxis, und damit auch zur Entwicklung *strategischer Instrumente in der Kostenrechnung*. Denn gerne werden auch für strategische Entscheidungen Kostenrechnungsgrößen verwendet; weil die Entscheidungsträger es zum einen gewohnt sind in solchen Größen zu denken. Zum anderen scheint es dem Anwender so, als würden im Rahmen der Kostenrechnung weniger Daten und Prognosen benötigt, als z. B. bei den dynamischen Methoden der Investitionsrechnung.

Für strategische Entscheidungen liefern aber die *traditionellen* Kostenrechnungssysteme, z. B. die Zuschlagskalkulation, keine adäquaten Informationen. Es werden deshalb Instrumente benötigt, die eben diese Informationen bereitstellen können. Dazu gehören vor allem die Prozesskostenrechnung und das Target Costing.

4.1 Prozesskostenrechnung

Die Prozesskostenrechnung ist eine moderne Vollkostenrechnung. Sie ist ein pragmatischer Ansatz, der auf ein bestehendes System der Kostenrechnung aufbaut und das Unternehmensgeschehen in Aktivitäten einteilt. Folgende Begriffe werden immer wieder im Zusammenhang mit der Prozesskostenrechnung genannt: *Activity-based Costing, Activity Accounting, Transaction-based Costing*. Dabei sind die hinter diesen Bezeichnungen stehenden Konzepte nicht völlig deckungsgleich, der Grundgedanke ist allerdings stets eine aktivitäts- oder prozessorientierte Kostenverrechnung.

Im Rahmen der Prozesskostenrechnung wird die *Prozessorientierung* aufgegriffen. Es werden kostenstellenübergreifend Kosten für (Haupt-)Prozesse ermittelt, die durch das Unternehmen laufen. Dieses Vorgehen wird als die entscheidende Neuerung der Prozesskostenrechnung gegenüber den bereits bestehenden Kostenrechnungsverfahren angesehen.

Die Prozesskostenrechnung wurde notwendig, weil die Veränderungen der betrieblichen Leistungserstellung zu einem immer höheren Anteil der indirekten Leistungsbereiche, wie Forschung und Entwicklung, Beschaffung und Logistik, Arbeitsvorbereitung, Vertrieb und Service führten. Daraus resultiert ein starkes Anwachsen des Gemeinkostenanteils an den Gesamtkosten. Hier sowie bei allen Dienstleistungsprozessen ist die traditionelle Vollkostenrechnung und ihre Verrechnungssystematik überfordert. Ein weiterer Grund für die Notwendigkeit der Prozesskostenrechnung ist der voranschreitende geschäftsprozessorientierte Organisationsaufbau vieler Unternehmen im Zuge von Business Reengineering, Change Management und anderen Restrukturierungsmaßnahmen. Soll diese neue Geschäftsprozessstruktur geplant, kontrolliert und gesteuert werden, ist eine Kostenrechnung nötig, die hierbei unterstützen kann: die Prozesskostenrechnung.

4.1.1 Ablauf der Prozesskostenrechnung

4.1.1.1 Identifizierung der Prozesse

Die Prozesskostenrechnung basiert auf der gegebenen Kostenstellengliederung eines Unternehmens. Durch eine vorzunehmende *Tätigkeitsanalyse* wird in jeder Kostenstelle ermittelt, welche Teilprozesse bzw. Tätigkeiten innerhalb einer Kostenstelle durchgeführt werden.

Beispiel:
Die Grabo AG fertigt Kunststoffartikel in Serie. Die Produktion wird vereinfachend als einstufig angenommen. Der Vertrieb ist im In- und Ausland durch Vertriebspartner organisiert, es wird aber teilweise auch direkt vertrieben. In die sukzessive Umstellung des internen Rechnungswesens auf die Prozesskostenrechnung sollen im ersten Schritt drei Kostenstellen der Grabo AG einbezogen werden:

- Fertigungsplanung
- Fertigungssteuerung
- Versand

Eine dabei durchzuführende Tätigkeitsanalyse in der Kostenstelle Versand fördert beispielsweise die folgenden Teilprozesse zu Tage:

- Kommissionierung
- Versandpapiere Inland erstellen
- Versandpapiere Ausland erstellen
- Abteilung leiten

Nachdem auch für die anderen Kostenstellen Tätigkeitsanalysen durchgeführt wurden, können die ermittelten Teilprozesse aller Kostenstellen in einer Prozessliste zusammengetragen werden.

Die so ermittelten Teilprozesse eignen sich allerdings nicht alle für eine verursachungsgerechte Verrechnung in der Prozesskostenrechnung. Vielmehr sind die Prozesse einzuteilen in

- repetitive und
- nicht repetitive Prozesse.

Bei *repetitiven* Aktivitäten handelt es sich um identische, stets wiederkehrende und eher ausführende Tätigkeiten (z. B. Kommissionierung oder Kontierungen), während die *nicht repetitiven* Aktivitäten eher einmalige, dispositive oder kreative Tätigkeiten sind (z. B. Prozesse im Rahmen von Forschung und Entwicklung). Nur die repetitiven Prozesse können sinnvoll in die Prozesskostenrechnung einbezogen werden.

Dies bedeutet allerdings, dass nur ca. 40 % der Prozesse in Unternehmen mit dem Instrument der Prozesskostenrechnung geplant, kontrolliert und gesteuert werden können:

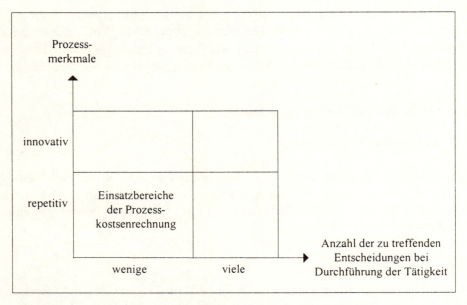

Abb. 4.1: Einsatzbereiche der Prozesskostenrechnung

4.1.1.2 Zuordnung von Kosten

Nach der Identifizierung der Prozesse sind im nächsten Schritt den einzelnen Prozessen die Kosten zuzuordnen. Dabei ist zu beachten, dass *nur* die *Gemeinkosten* durch die Prozesskostenrechnung gegenüber der traditionellen Vollkostenrechnung alternativ verrechnet werden. Die Einzelkosten werden traditionell über die Kostenartenrechnung in die Kalkulation einbezogen.

Die Zuordnung der Gemeinkosten in der Kostenstellenrechnung kann entweder nach der direkten Methode analytisch erfolgen oder indirekt. Bei der direkten Methode werden sämtliche Gemeinkosten, die in einer Kostenstelle anfallen, untersucht und den einzelnen Prozessen zugerechnet. Bei der indirekten Methode werden Schlüsselungen gesucht, anhand derer die Kostenverteilung erfolgen kann. Beispiele dafür können Zeitgrößen, wie z. B. Mannjahre oder auch Wertgrößen, wie z. B. Lohnkosten sein.

Beispiel:

In der Kostenstelle Versand der Grabo AG fallen insgesamt 550 TEUR (TEUR = Tausend Euro) Gemeinkosten an. Nach der direkten Methode werden zunächst die Personalkosten der Kostenstelle (500 TEUR) allen Prozessen zugeordnet. Mittels der Schlüsselgröße Personalkosten werden dann nach der indirekten Methode die restlichen Gemeinkosten (Sachkosten) der Kostenstelle zugerechnet:

Prozess	Mann-jahre	Personal-kosten	Sachkosten	Gesamte Gemeinkosten
Kommissionierung	4,0	250.000	25.000	275.000
Versandpapiere Inland erstellen	2,2	137.500	13.750	151.250
Versandpapiere Ausland erstellen	1,0	62.500	6.250	68.750
Abteilung leiten	0,8	50.000	5.000	55.000
Σ	8,0	500.000	50.000	550.000

4.1.1.3 Ermittlung der Kostentreiber

Bevor Kostentreiber für die einzelnen (repetitiven) Prozesse ermittelt werden können, ist eine Klassifizierung der Prozesse in *leistungsmengeninduzierte (lmi)* und *leistungsmengenneutrale (lmn)* Prozesse vorzunehmen. Die Gemeinkosten, die durch die leistungsmengeninduzierten Prozesse entstehen, sind vom Leistungsvolumen bzw. der Beschäftigung der Kostenstelle abhängig, wobei hier keine Proportionalitäten vorliegen müssen. Die Gemeinkosten der leistungsmengenneutralen Prozesse (z. B. Leitung der Abteilung) sind dagegen unabhängig vom Leistungsvolumen der Kostenstelle, so dass sich für diese Prozesse auch keine Kostentreiber ermitteln lassen.

Für jeden lmi-Prozess werden nun Kostentreiber gesucht. Dabei wird aus Vereinfachungsgründen jedem Prozess nur ein Kostentreiber zugeordnet, auch wenn eindeutig heterogene Kostenverursachungen vorliegen. Häufig wird die Prozessmenge direkt als Kostentreiber herangezogen. Damit unterscheidet sich die Prozesskostenrechnung deutlich von der traditionellen Vollkostenrechnung, bei der im Zusammenhang mit der Zuschlagskalkulation wertorientierte Größen im Vordergrund der Verrechnungen stehen.

Beispiel:

Bei der Grabo AG lassen sich in der Kostenstelle Versand folgende Kostentreiber den einzelnen lmi-Prozessen zuordnen:

Kostenstelle	lmi-Prozesse	Kostentreiber
Versand	• Kommissionierung • Versandpapiere Inland erstellen • Versandpapiere Ausland erstellen	⇒ Fertigungsaufträge ⇒ Aufträge Inland ⇒ Aufträge Ausland

Für die lmi-Prozesse der Kostenstelle Versand sollen vereinfachend die Personal- und Sachkosten als lmi-Kosten ausgewiesen werden; lmn-Kosten sollen nicht anfallen. Der Teilprozess „Abteilung leiten" ist ein rein leistungsmengenneutraler Prozess und beinhaltet nur lmn-Kosten.

4.1.1.4 Ermittlung der Prozesskostensätze

Zur Ermittlung der Prozesskostensätze sind für die einzelnen Kostentreiber zunächst die Mengenausprägungen der lmi-Prozesse festzulegen. Danach lässt sich der *lmi-Prozesskostensatz* wie folgt berechnen:

$$\text{lmi - Prozesskostensatz} = \frac{\text{lmi - Prozesskosten}}{\text{Prozessmenge}}$$

Zur *Verrechnung* der noch *ausstehenden lmn-Kosten* werden verschiedene Konzepte vorgeschlagen:

(1) Verrechnung auch der lmn-Kosten durch einen Prozesskostensatz

Dabei werden die lmn-Kosten genau wie die lmi-Kosten aufgrund von Bezugsgrößen (z. B. Mannjahren) auf die einzelnen Prozesse der Kostenstelle verteilt. Der Prozesskostensatz enthält somit neben den lmi-Kosten auch die lmn-Kosten. Dieses Vorgehen ist allerdings nur korrekt, wenn die lmn-Kosten tatsächlich mit dem Aufgabenvolumen der Kostenstelle variieren.

(2) Prozentualer Aufschlag der lmn-Kosten auf die lmi-Kosten

Der Umlagesatz ergibt sich wie folgt:

$$\text{Umlagesatz} = \frac{\text{lmn} - \text{Kosten einer Kostenstelle}}{\text{lmi} - \text{Kosten einer Kostenstelle}} \cdot 100$$

Auch hier erfolgt eine Schlüsselung. Allerdings sind die Bezugsgrößen hier Wertgrößen und nicht wie bei der Prozesskostensatzermittlung üblicherweise Mengengrößen.

(3) Zusammenfassung der lmn-Kosten aller Kostenstellen in einer Sammelposition

Bei bestimmten Rechnungen, z. B. der Kostenträgerstückrechnung, werden diese Kosten dann proportional zugeschlagen.

Unabhängig davon, ob nun lmn-Kosten in den Prozesskostensätzen berücksichtigt werden oder nicht, ist zu beachten, dass auch die lmi-Prozesskosten *Fixkosten* enthalten, da den Prozessen sämtliche Kostenstellengemeinkosten zugewiesen werden. Damit stößt die Prozesskostenrechnung an dieser Stelle an die gleichen Grenzen wie die traditionelle Vollkostenrechnung: Für *kurzfristige Entscheidungen* ist die *Prozesskostenrechnung nicht geeignet*, hierzu sind wieder die Systeme der Teilkostenrechnung heranzuziehen.

Beispiel:

Die Grabo AG verrechnet in der Kostenstelle Versand die lmn-Kosten des Teilprozesses „Abteilung leiten" über den Umlagesatz. Der Umlagesatz errechnet sich in Höhe von 11,1 % (55.000/495.000 ·100):

Kostenstelle:	Versand	Mannjahre (MJ) gesamt: 8,0		Kostenstellenkosten: 550 TEUR				
				Teilprozesskosten (TEUR)			Teilprozesskostensatz (TEUR)	
Teilprozess	Kostentreiber	Menge	MJ	lmi-Kosten	lmn-Kosten	lmi + lmn-Kosten	lmi	lmi + lmn
Kommissionierung	Aufträge	1780	4,0	275,00	30,56	305,56	0,154	0,172
Versandpapiere Inland erstellen	Aufträge Inland	1580	2,2	151,25	16,80	168,05	0,096	0106
Versandpapiere Ausland erstellen	Aufträge Ausland	200	1,0	68,75	7,64	76,39	0,344	0,382
				495,00	55,00	550,00		

4.1.1.5 Zusammenfassung zu Hauptprozessen

Mit diesem Schritt wird die Prozessorientierung deutlich, er ist die eigentliche Besonderheit der Prozesskostenrechnung. Ein *Hauptprozess* ist ein kostenstellenübergreifender Prozess. Er besteht i. d. R. aus mehreren Teilprozessen einzelner Kostenstellen. Deren Kosten werden den einzelnen Hauptprozessen zugerechnet. Dabei können nun die verschiedensten Hauptprozesse gebildet und Informationen gewonnen werden, die bisher in der traditionellen Vollkostenrechnung so nicht zur Verfügung standen.

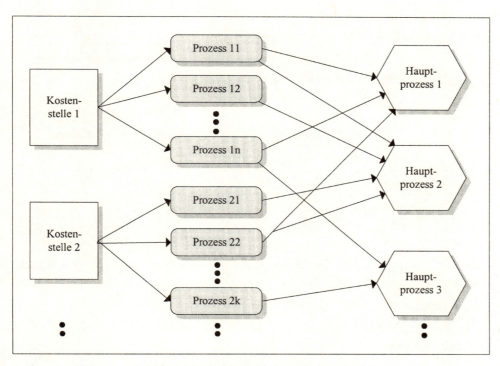

Abb. 4.2: Zusammenfassung zu Hauptprozessen

Einerseits kann die Zusammenfassung zu Hauptprozessen durch individuelle Informationsbedürfnisse der Entscheidungsträger erfolgen. Andererseits können Hauptprozesse auch gebildet werden durch Zusammenfassung der (Teil-)Prozesse, die die gleichen Kostentreiber besitzen oder Kostentreiber aufweisen, welche in einem festen Verhältnis zueinander stehen.

Bei beiden Vorgehensweisen kommt es dann zu Ungenauigkeiten, wenn Prozesse zusammengefasst werden, bei denen Annahmen über das durchschnittliche Verhältnis der einzelnen Kostentreiber zueinander getroffen werden müssen.

Beispiel:

In den betrachteten Kostenstellen der Grabo AG lassen sich verschiedene Teilprozesse zu Hauptprozesse zusammenfassen und deren Kostensätze ermitteln:

		lmi-Teilprozesse	Kostentreiber		Kostensätze (TEUR)	
Kostenstelle	Nr.	Bezeichnung	Bezeichnung	Höhe	lmi	lmi + lmn
K 1 Fertigungsplanung 280 TEUR	11	Arbeitspläne erstellen	Neue Produkte	17	2,752	3,431
	12	Arbeitspläne ändern	Produktänderung	130	0,434	0,539
	13	Arbeitspläne laufend pflegen	Produkte	300	0,157	0,201
	14	Anpassung der Produktionsprogramme	Produkte	300	0,246	0,305
K 2 Fertigungssteuerung 870 TEUR	21	Fertigungsaufträge steuern	Fertigungsaufträge	1780	0,216	0,252
	22	Materialbereitstellung	Fertigungsaufträge	1780	0,102	0,123
	23	NC-Programmierung	Produktänderung	130	1,267	1,518
	24	NC-Programmierung	Neue Produkte	17	0,134	0,304
K 3 Versand 550 TEUR	31	Kommissionierung	Fertigungsaufträge	1780	0,154	0,172
	32	Versandpapiere Inland erstellen	Aufträge Inland	1580	0,096	0106
	33	Versandpapiere Ausland erstellen	Aufträge Europa	200	0,344	0,382

Exemplarisch sollen aus der Prozesstabelle zwei Hauptprozesse gebildet werden:

- Hauptprozess: Fertigungsaufträge abwickeln

Die Höhe des gleichlautenden Kostentreibers liegt bei 1.780 Mengeneinheiten. Es sind folgende Teilprozesse zusammenzufassen:

		Prozesskostensatz in TEUR	
Nr.	lmi-Teilprozesse	lmi	lmi+lmn
21	Fertigungsaufträge steuern	0,216	0,252
22	Materialbereitstellung	0,102	0,123
31	Kommissionierung	0,154	0,172
	Σ	0,472	0,547

Einen Fertigungsauftrag abzuwickeln führt also in den berücksichtigten Kostenstellen zu Gemeinkosten von 472 bzw. 547 EUR.

- Hauptprozess: Produktänderungen durchführen

Die Höhe des gleichlautenden Kostentreibers beträgt 130. Es sind folgende Teilprozesse zusammenzufassen:

		Prozesskostensatz in TEUR	
Nr.	lmi-Teilprozesse	lmi	lmi+lmn
12	Arbeitspläne ändern	0,434	0,539
23	NC-Programmierung	1,267	1,518
	Σ	1,701	2,057

Damit löst nach der Prozesskostenrechnung eine Produktveränderung Gemeinkosten in Höhe von 1.701 bzw. 2.057 TEUR aus.

Im Beispiel der Grabo AG werden Teilprozesse mit jeweils gleichem Kostentreiber zu Hauptprozessen zusammengefasst. Wie bereits erwähnt, wird es i. d. R. notwendig sein, auch Teilprozesse mit unterschiedlichen Kostentreibern zusammenzufassen.

Die Ermittlung von Teil- und Hauptprozessen ist in der Praxis eine schwierige Aufgabe. Es ist nützlich, wenn schon bei der Ermittlung der Teilprozesse Vorstellungen über mögliche Hauptprozesse bestehen.

Häufig entwickeln sich Vorstellungen von Teil- oder auch von Hauptprozessen erst im Laufe der Einführung einer Prozesskostenrechnung. Das dargestellte Vorgehen der Prozesskostenrechnung ist damit ein Regelkreislauf, der in der Praxis häufig mehrmals durchlaufen werden muss, bis die endgültige Prozessstruktur und Prozesshierarchie feststeht, und man dann in den Unternehmen erst mit der Prozesskostenrechnung „richtig" arbeiten kann.

4.1.2 Einsatzmöglichkeiten der Prozesskostenrechnung

Die *Prozesskostenrechnung* wird hauptsächlich als Informationsquelle für *längerfristige* und *strategische Entscheidungen* herangezogen. Einige Anwendungsmöglichkeiten werden im Folgenden erläutert. Dabei muss stets von der Annahme ausgegangen werden, dass die Prozesskosten mit der Leistungsmenge genauso variieren, wie dies gemäß der ermittelten Sätze zu erwarten ist.

4.1.2.1 Gemeinkostenmanagement

Ausgangspunkt für ein *Gemeinkostenmanagement* sind die ermittelten Prozesskosten und die Prozesskostensätze. Durch Analyse dieser Informationen lassen sich die Quellen der Gemeinkosten erkennen. Diese zu beeinflussen ist das Ziel von Rationalisierungsmaßnahmen.

So kann z. B. im Rahmen solcher Maßnahmen die Frage gestellt werden, ob es sinnvoll ist, *Prozesse fremd zu beziehen*. Dabei handelt es sich um Entscheidungen über die vertikale Integration, welche meist längerfristiger Struktur sind und denen strategische Bedeutung beigemessen wird. Die Prozesskostenrechnung kann hier durch den Vergleich der Einstandspreise mit den Prozesskosten bei Eigenfertigung Hinweise zur Vorteilhaftigkeit der Alternativen geben. Dazu muss angenommen werden, dass sich die Prozesskosten bei Fremdvergabe auch tatsächlich voll entfallen.

Ein weiterer Ansatzpunkt für Rationalisierungsmaßnahmen kann die Suche nach nicht *werterhöhenden Prozessen* (non-value activities) sein. Liegen solche Prozesse vor, so ist deren Prozessmenge zu reduzieren ohne damit den Kundennutzen (z. B. Qualität, Funktion, Leistungsfähigkeit, Individualität) einzuschränken. Eine Reduzierung der Prozessmenge erfolgt durch eine Optimierung der Prozessstruktur.

Die Prozesskostenrechnung kann auch zur *Gemeinkostenbudgetierung* herangezogen werden. Dazu müssen Planmengen für die Kostentreiber vorgegeben werden. Es wird auch vorgeschlagen, für einzelne Prozesse Verantwortliche zu bestimmen (process owners), welche in gleicher Weise Verantwortung wie Kostenstellenleiter zu tragen haben.

4.1.2.2 Strategische Kalkulation

Bei einer *Produktkalkulation* kann die Prozesskostenrechnung gegenüber einer Zuschlagskalkulation weitergehende Informationen liefern. Im Rahmen der strategischen Kalkulation werden dann Vorkostenstellen zu Endkostenstellen. Die Kosten der in ihnen anfallenden Tätigkeiten werden nämlich direkt auf die Kostenträger verrechnet.

Die erhaltenen Kosteninformationen können gegenüber der traditionellen Zuschlagskalkulation zu einer alternativen langfristigen Produktmixentscheidung führen. Gegenüber einer Zuschlagskalkulation lassen sich die folgenden Effekte feststellen, die auch als Vorteile der Prozesskostenrechnung gegenüber der traditionellen Vollkostenrechnung interpretiert werden können:

(1) Allokationseffekt

Bei der Prozesskostenrechnung werden die Gemeinkosten nicht in Abhängigkeit von wertorientierten Zuschlagsbasen zugerechnet, sondern i. d. R. anhand von mengenorientierten Kostentreibern (Bezugsgrößen). Dies führt natürlich wie jede Änderung der Schlüsselungsbasis zu einer Veränderung der Gemeinkostenallokation. Ob dies tatsächlich zu einer verursachungsgerechten Verrechnung führt, hängt allerdings vom jeweiligen Einzelfall ab.

Beispiel:

Ein Prozessorhersteller berechnet die Materialgemeinkosten (vor allem Lagerkosten) mit Hilfe eines Zuschlagssatzes auf die Materialeinzelkosten. Die Raumbeanspruchung und die Ein- und Auslagerungsvorgänge sind aber für alle Prozessoren gleich. Die Prozesskostenrechnung führt deshalb zu einer verursachungsgerechteren Allokation der Gemeinkosten.

	Material-einzelkosten	Materialgemeinkosten	
		Zuschlagssatz 15 %	Prozesskostensatz
Prozessor 4 x 6	80	12	19
Prozessor 5 x 6	120	18	19
Prozessor 6 x 6	180	27	19
	Σ	57	57

(2) Komplexitätseffekt

Durch den unterschiedlichen Grad der Komplexität von Produkten (z. B. gemessen in Bauteilen der Produkte) entstehen unterschiedlich hohe Gemeinkosten, beispielsweise durch mehr benötigte Bestellungen, mehr Lageraktivitäten usw. Bei der Zuschlagskalkulation werden die durch die Komplexität entstehenden Gemeinkosten (im Rahmen von Material-, Fertigungs- sowie Verwaltungs- und Vertriebsgemeinkosten) prozentual verrechnet. Bei der Prozesskostenrechnung kommt es hier i. d. R. zu einer verursachungsgerechteren Verrechnung der Gemeinkosten.

Beispiel:

Ein Fahrradhersteller produziert zwei Fahrräder; ein hochwertiges Rennrad R_1, welches aus insgesamt 10 Teilen besteht. Weiterhin wird ein Tourenrad R_2 aus 40 Teilen hergestellt. Von beiden Fahrrädern wird die gleiche Menge hergestellt.

Im Rahmen der Zuschlagskalkulation werden die (hier zur Verdeutlichung explizit erfassten) Kosten der Komplexität in Höhe von 120 TEUR auf die beiden Produkte in Abhängigkeit von den Fertigungseinzelkosten aufgeteilt:

	R_1	R_2
verrechnete Komplexitätskosten	80 TEUR	40 TEUR

Wird für die Komplexitätskosten der Kostentreiber „Anzahl der Teile" verwendet, dann erfolgt die Verteilung wie folgt:

	R_1	R_2
verrechnete Komplexitätskosten	24 TEUR	96 TEUR

(3) Degressionseffekt

Bei der Zuschlagskalkulation wird i. d. R. ein konstanter Gemeinkostensatz pro Stück verrechnet. Dieser beruht auf der Normal-, der Planbeschäftigung o. ä. Auftragsfixe Kosten sinken aber pro Stück mit steigender Menge pro Auftrag. Diese Degression der auftragsfixen Kosten wird im Rahmen der Prozesskostenrechnung berücksichtigt.

Beispiel:

Vertriebsgemeinkosten fallen bei der Zuschlagskalkulation bei jedem Auftrag in gleicher Höhe an, unabhängig von der verkauften Menge. Durch die Berücksichtigung des Degressionseffektes kann z. B. ein Konkurrenzangebot bei hoher Stückzahl unterboten werden oder es können den Kunden sinkende Stückpreise bei steigender Auftragsmenge angeboten werden.

4.1.2.3 Kundenprofitabilitätsanalyse

Im Rahmen der Prozesskostenrechnung lassen sich auch *Erfolgsrechnungen kundenbezogen* durchführen. Dabei können verschiedene Kundengruppen gebildet werden. Die Kunden lassen sich z. B. unterscheiden nach:

- Auftragsgröße
- Lieferart
- Liefermenge
- Anzahl der Sonderwünsche
- Nachträgliche Änderungen

So beeinflussen die Auftragsgröße und die Liefermenge bei der Grabo AG die Gemeinkosten wesentlich und zwar nicht nur im Vertrieb, sondern im gesamten Unternehmen. Hier wirkt i. d. R. der Degressionseffekt. Auch die Tatsache, dass Kunden keine Standardprodukte nachfragen, hat erhebliche Auswirkungen auf die Höhe der Gemeinkosten. Ob diese Sonderwünsche dann überhaupt noch einen Gewinn abwerfen, kann beispielsweise mit Hilfe der Prozesskostenrechnung ermittelt werden.

4.1.3 Kritische Würdigung der Prozesskostenrechnung

4.1.3.1 Anspruch der Prozesskostenrechnung

Von vielen Vertretern der Prozesskostenrechnung wird angeführt, dass die Prozesskostenrechnung ein neues Kostenrechnungssystem darstellt, welches die Kosten „*verursachungsgerechter*" zuordnet, vor allem in den leistungsfernen/ indirekten Leistungsbereichen. Dabei wird die Prozesskostenrechnung teilweise als Ersatz für bestehende Kostenrechnungssysteme propagiert, teilweise aber auch *nur* als Informationsinstrument der strategischen Planung. Die Verfechter der Prozesskostenrechnung ziehen als Vergleichssystem meist die Zuschlagskalkulation heran. Dazu kann man wie folgt Stellung nehmen:

- Neu sind in der Prozesskostenrechnung erstens die Bezeichnungen einzelner Größen (Kostentreiber = Bezugsgrößen) und zweitens eine starke Ausrichtung auf die indirekten Bereiche. Aber mehr auch nicht! Die Grundgedanken der Prozesskostenrechnung wurden bereits 1899 von Schmalenbach geäußert, und im Rahmen der Grenzplankostenrechnung wurden bereits damals viele Gedanken der Prozesskostenrechnung berücksichtigt. Das Ergebnis vieler Vergleiche zwischen der Prozesskostenrechnung und den bestehenden Kostenrechnungssystemen kann zusammengefasst werden mit der Redewendung: *Hier handelt es sich um alten Wein in neuen Schläuchen.*

- In den USA ist die Prozesskostenrechnung vor allem deswegen populär, weil dort keine Grenzplankostenrechnung existierte. In Deutschland ist der Grund ein anderer. Es werden wieder, entgegen der Grenzplankostenrechnung, volle Kosten verrechnet, eine Tatsache, die in der Praxis auf große Zustimmung trifft und die erstarrte Diskussion um Voll- versus Teilkostenrechnung zugunsten der Vollkostenrechnungen neu belebt.

- Die „verursachungsgerechtere" Verrechnung geschieht im *Vergleich zur Zuschlagskalkulation*. Für diese eigentlich nur detailliertere Vorgehensweise unterbleibt allerdings der Wirtschaftlichkeitsbeweis. Der angesprochene Vergleich ist ein Vergleich zweier Vollkostenrechnungen, mit allen ihren Mängeln.

- Inzwischen sind etliche Vertreter der Prozesskostenrechnung dazu übergegangen, die Vorgehensweise der Prozesskostenrechnung nicht vom Verursachungs- sondern vom Beanspruchungsprinzip abzuleiten. Dabei werden Bezugsgrößen gesucht, die die Beanspruchung der Ressourcen durch ein Kalkulationsobjekt ausdrücken. Es kommt also wieder zur Schlüsselung von Gemeinkosten und Fixkosten, wobei die hiermit verbundenen Probleme seit ca. 40 Jahren Gegenstand der Diskussion in und zwischen Theorie und Praxis sind. Im Rahmen der Prozesskostenrechnung kann es bis zu einer *fünffachen Schlüsselung* von Kostenarten kommen:

Schlüsselung von

1. Personalkosten auf Teilprozesse in der Kostenstelle,
2. sonstigen Stellengemeinkosten auf Teilprozesse,
3. lmn-Kosten auf Teilprozesse,
4. Prozesskosten auf Prozessmengen,
5. Prozesskosten auf Produkte.

Bei jeder dieser Schlüsselungen sind Proportionalitätsannahmen notwendig, die i. d. R. so nicht erfüllt sind. In der traditionellen Vollkostenrechnung sind dagegen nur 3 Schlüsselungen notwendig.

- Die Vorgehensweise bei der Einbeziehung der lmn-Kosten in die Prozesskosten erfolgt analog zu einer Zuschlagskalkulation. In Kostenstellen, in denen der Anteil der lmn-Kosten erheblich ist, werden methodisch die gleichen Fehler wie bei einer Zuschlagskalkulation begangen.

- Die Prozesskostenrechnung soll besonders der Berücksichtigung der *indirekten Leistungsbereiche* dienen. Allerdings stellt sich die Frage, inwieweit die Bereiche mit hohem Anteil an nicht repetitiven und innovativen Tätigkeiten, z. B. in Forschung und Entwicklung oder in der Verwaltung, berücksichtigt werden. Hier wird teilweise vorgeschlagen, diese nicht weiter zu verrechnen. Gerade diese Kosten werden aber auch in Zukunft in vielen Unternehmen einen bedeutenden Anteil an den Gesamtkosten haben. Unabhängig ob diese Kosten nicht weiter verrechnet werden oder prozentual aufgeschlagen werden, dem Anspruch der Prozesskostenrechnung werden diese Vorgehensweisen nicht gerecht.

4.1.3.2 Einsatz als operatives Planungsinstrument

Traditionell ist die Kostenrechnung ein Instrument der operativen Planung, sie hat Planungs-, Steuerungs-, und Kontrollfunktion.

Die ersten beiden Funktionen kann die Prozesskostenrechnung nicht erfüllen, da es sich um eine Vollkostenrechnung handelt. Fixe Kostenbestandteile sind nicht nur in den lmn-Prozesskosten, sondern auch in den lmi-Prozesskosten enthalten, weil auch hier Kostenarten umgelegt werden, die kurzfristig fix sind, z. B. Raumkosten, EDV-Kosten, Personalkosten usw. Damit stellen die Prozesskosten für operative Entscheidungen keine entscheidungsrelevanten Informationen dar.

Auch die Kontrollfunktion kann die Prozesskostenrechnung aufgrund des Vollkostencharakters nicht erfüllen. Im Rahmen einer Kostenstellenkontrolle würde grundsätzlich die Beschäftigungsabweichung nicht explizit erfasst. Durch die Berücksichtigung der vollen Kosten werden als Abweichung auch proportionalisierte Fixkosten ermittelt, die so genannten Leerkosten.

4.1.3.3 Einsatz als strategisches Planungsinstrument

Die Prozesskostenrechnung ist ein Kostenrechnungsverfahren, welches vor allem für strategische Entscheidungen relevante Informationen liefern soll. Dafür sprechen zwei Argumente:

1. Die Verrechnung der vollen Kosten wird häufig mit dem eher langfristigen Charakter strategischer Entscheidungen begründet. Denn langfristig sind alle Kosten variabel.

2. Es können Kostentreiber ermittelt werden, deren Veränderung durch strategische Entscheidungen herbeigeführt werden müssen. Solche Kostentreiber sind z. B. die Produktkomplexität und die Produktvarianten. Bei diesen Kostentreibern liegt keine Doppelfunktion der Bezugsgröße bzw. des Kostentreibers vor. Die übliche Wirkungskette „Produkte verursachen Prozesse und Prozesse führen wiederum zu eindeutig zurechenbaren Kosten" liegt hier nicht vor. Auch im Rahmen der Prozesskostenrechnung kennt man eine Art Prozesshierarchie (ähnlich der Bezugsobjekthierarchien).

Zunächst ist zu überlegen, ob eine Kostenrechnung überhaupt adäquate Informationen für strategische Art von Entscheidungen bereitstellen kann.

Die strategische Planung ist als zukunftsorientierte Betrachtung der (immer dynamischeren) Unternehmensumwelt zu bezeichnen, deren Ziel es ist, Chancen und Risiken für das Unternehmen zu erkennen und Strategien zum Erhalt und zur Schaffung von Erfolgspotentialen zu entwickeln. Strategische Entscheidungen sind i. d. R. langfristig wirksam, so dass für ihre Bewertung die Investitionsrechnung eigentlich als das geeignete Instrument erscheint. Das Problem hierbei ist die (immer größer werdende) Schwierigkeit der Quantifizierbarkeit der benötigten Daten.

Dabei sieht es so aus, als wenn man bei der Investitionsrechnung zur Ermittlung der Zielgröße (z. B. Kapitalwert) weit mehr Daten über die Zukunft benötigt als die Kosten- und Leistungsrechnung. Die Investitionsrechnung fordert die Angabe der zeitlichen Verteilung der Zahlungsströme, die Berücksichtigung des Risikos der Alternativen, die Bestimmung des Kalkulationszinssatzes und vieles mehr. Die Kosten- und Leistungsrechnung hingegen scheint anschaulicher und klarer. Dies resultiert aber nur aus weit restriktiveren Annahmen, z. B. erfolgt die Vernachlässigung des zeitlichen Anfalls der Zahlungen, weil nur eine Periode betrachtet wird. Das heißt, dass die Anschaulichkeit und Klarheit durch Vereinfachungen erkauft werden, die die Gefahr von Fehlentscheidungen vergrößern. Diese Gefahr sollte bei der Entscheidungsfindung Berücksichtigung finden.

Bei der Suche nach einer strategisch richtigen Gemeinkostenverrechnung sollte Folgendes bedacht werden: Die Gemeinkosten (und ihr hoher Anteil an den Gesamtkosten) sind die kostenbezogene Konsequenz einer strategisch gewollten Bündelung von Unternehmensaktivitäten. So hat der Einsatz modernerer Bürokommunikationssysteme, flexibler Fertigungssysteme, neuer Organisationsformen u. ä. neben den (angestrebten) Flexibilitätsvorteilen auch (ungewollte) Zurechnungsnachteile auf der Kostenseite zur Folge. Es stellt sich die Frage, warum ex-post Gemeinkosten gesplittet werden sollen, wenn sie ex-ante durch eine Leistungsaggregation bewusst in Kauf genommen worden sind.

Hat man sich trotz alledem für die vollständige Zurechnung aller Kosten entschieden, so ist die undifferenzierte Aussage „Langfristig sind alle Kosten variabel" zu untersuchen. Für ein Unternehmen, welches langfristig am Marktgeschehen teilnehmen will, weisen bestimmte Kosten einen fixen Charakter auf, z. B. die langfristige Bindung wertvoller Arbeitskräfte und ein Grundbestand an Aggregaten.

Diese Kosten sind fix in Bezug auf den Leistungsprozess und die Beschäftigung. Die langfristige Variabilität aller Kosten geht von dem Zerschlagungs- und nicht von dem Fortführungsprinzip aus. Außerdem wird häufig ein gewisser Automatismus angenommen: Wird eine Aktivität nicht mehr durchgeführt, so fallen die vollen Kosten weg. Dabei bedarf es meist konkreter Entscheidungen des Managements, z. B. Veränderungen von Miet- Leasing- und Arbeitsverträgen. Werden diese nicht getroffen, entfällt ein Teil der Kosten tatsächlich nicht.

Letztlich steht und fällt die Prozesskostenrechnung mit der Annahme, dass die Prozesskosten die durch strategische Entscheidungen beeinflussbaren Kosten approximieren.

Teilweise werden Modifikationen der Prozesskostenrechnung vorgeschlagen, so z. B. die Bindungsfristen von fixen Prozesskostenanteilen zusätzlich auszuweisen oder bestimmte Gemeinkosten analog zur stufenweisen Fixkostendeckungsrechnung zu verrechnen. Diese Modifikationen führen aber zu dem Verlust der relativ anschaulichen Ermittlung von Kosten in Bezug auf Produkte und Hauptprozesse. In Unternehmen mit vielen Aktivitäten und/oder Produkten ist es gerade bei Berücksichtigung des Wirtschaftlichkeitsaspektes weder möglich noch sinnvoll, für alle Entscheidungen stets die relevanten Kosten zu bestimmen.

Von Seiten der Befürworter einer Prozesskostenrechnung wird häufig vorgeschlagen, diese nur fallweise durchzuführen. Es stellt sich dann erst recht die Frage der Wirtschaftlichkeit, ob der Wert der zusätzlich gewonnen Informationen die Kosten der Informationsbeschaffung übersteigt.

Abschließend bleibt festzuhalten, dass die Diskussion um die Prozesskostenrechnung dazu geführt hat, dass den indirekten Leistungsbereichen eine größere Aufmerksamkeit zugekommen ist und die erstarrte Diskussion über die zu verrechnenden Kosten wieder aufgegriffen wurde.

4.2 Target Costing

Das Target Costing hat seine Ursprünge in Japan und hat über den Umweg USA inzwischen auch Eingang in die deutsche Kostenrechnungsdiskussion gefunden. Aufgrund seiner eher strategischen Ausrichtung sollte das Target Costing weniger als eigenständiges Kostenrechnungssystem, sondern als Kostenplanungs-, Kostensteuerungs- und Kostenkontrollprozess *(Zielkostenmanagement)* verstanden werden.

Das Ziel des Target Costing besteht in einer durchgängigen und möglichst direkt marktorientierten Steuerung des Unternehmens und seiner Teilbereiche nach ergebnisorientierten Gesichtspunkten im strategischen Kostenmanagement.

Beantwortet wird nicht die Frage *„Was wird ein Produkt kosten?"*, sondern *„Was darf ein Produkt kosten?"*. Produktdefinition, wie z. B. Gebrauchswert- sowie Geschmackswertfunktionen, und Preisbildung (als retrograde Kalkulation) der betrieblichen Leistungen orientieren sich also nicht an der eigenen Situation des Unternehmens, sondern an Kundenwünschen und den Konkurrenzverhältnissen.

Deshalb findet dieser Ansatz insbesondere in solchen Unternehmen Verwendung, die auf wettbewerbsintensiven Märkten kurzen Produktlebenszyklen und hohem Preisdruck ausgesetzt sind. Um heutzutage auf den Märkten bestehen zu können oder gar Marktführerschaft zu erlangen und zu halten, muss ein Unternehmen für sein Produkt die maximal zulässigen Kosten vom „Markt" her bestimmen, d. h. die Preise diktieren die Kosten.

Die Zielsetzungen des Target Costing lassen sich in den folgenden Punkten zusammenfassen:

- Verstärkung der Marktorientierung des Unternehmens, insbesondere eine Kunden-, Konkurrenz- und Lieferantenorientierung bei der Produktplanung.
- Kontinuierliche Strategieorientierung durch markt- und zielorientierte Forschung und Entwicklung im Unternehmen.
- Einsatz des Kostenmanagements schon in den früheren Entwicklungsphasen eines neuen Produktes.
- Unbedingte Dynamisierung des Kostenmanagements durch eine ständig vom Markt geforderte Überprüfung der vorgegebenen Kostenziele.
- Verbesserte Motivation aller Mitarbeiter, da das Verhalten durch konkrete Marktanforderungen und nicht durch abstrakte, top-down vorgegebene Unternehmensziele gesteuert wird.

4.2.1 Ablauf des Target Costing

4.2.1.1 Zielkostenfindungsphase (Zielkostenbestimmung)

In der *Zielkostenfindungsphase* sind alle marktbezogenen Teilschritte des Target Costing zusammengefasst. Zielsetzung dieses ersten Schrittes des Target Costing ist die Bestimmung der Zielkosten:

> Zielkosten = Erzielbarer Produktpreis - geplanter Zielgewinn

Die so vorgenommene Zielkostenbestimmung wird auch als „market into company" bezeichnet und stellt den Normalfall im Rahmen des Zielkostenmanagements dar. Daneben lassen sich die Zielkosten auch aus der Kostensituation der Wettbewerber ableiten. Dabei kann man unter Zielkosten sowohl die im Rahmen einer Marktuntersuchung ermittelten zulässigen Zielkosten *(allowable costs)* verstehen, als auch die dann für die Produktion festgelegten Zielkosten *(target costs)*. Beide können voneinander abweichen; wenn z. B. im Unternehmen die allowable costs durch eine effiziente Produktion unterboten werden können, liegen die target costs unterhalb der allowable costs.

Ausgangspunkt der Zielkostenbestimmung ist ein marktgerechter - vom Kunden gewünschter - Produktpreis. Zusätzlich wird das Produkt in seine einzelnen Produktfunktionen und Produkteigenschaften zerlegt, um dann vom Kunden die Wichtigkeit dieser Funktionen bewerten zu lassen.

Beispiel:

Die Casto AG stellt Sportuhren her. Augrund einer revolutionären Entwicklung kann eine neue voll digitalisierte Produktvariante auf den Markt gebracht werden. Zunächst ist mittels einer Marktumfrage der Produktpreis zu ermitteln, den die Kunden für diese neue „Wunderuhr" bereit wären zu bezahlen. Ein eingeschaltetes renommiertes Marktforschungsinstitut stellt in einem ersten Schritt einen erzielbaren Produktpreis für die Sportuhr „Cyberspace" von 250 EUR fest.

Nach dieser Markterhebung wird das Institut weiter beauftragt, potentielle Kunden nach den Produkteigenschaften zu fragen, die für sie beim Kauf einer Sportuhr wichtig sind. Außerdem sollen die Probanden diese Funktionen bezüglich ihrer Wichtigkeit bewerten.

Im Rahmen dieses Auftrages wurden die von den potentielle Kunden genannten Funktionen, die „Cyberspace" zu erfüllen hätte, ermittelt und anschließend entsprechend ihrer Bedeutung mit einer Gewichtung von 0-10 bewertet. Die summierte Bewertungsziffer (53) wurde dann ins Verhältnis zu 100 gesetzt, um aus den absoluten Teilgewichten den prozentualen Funktionsanteil für „Cyberspace" zu erhalten:

	Funktionen	Teilgewicht	in %
F_1	Ablesbarkeit Uhrzeit	9	16,98
F_2	Einstellbarkeit Laufzeit	7	13,21
F_3	Genauigkeit	6	11,32
F_4	Design	9	16,98
F_5	Leiser Gang	3	5,66
F_6	Ablesbarkeit Dunkelheit	6	11,32
F_7	Klang Signalton	2	3,77
F_8	Lebensdauer	4	7,55
F_9	Robuster Aufbau	7	13,21
	Summe	**53**	**100,00**

Als Ergebnis kann festegehalten werden, dass die Ablesbarkeit der Uhrzeit (F_1) und das Design (F_4) die bedeutendsten Funktionen und damit die wichtigsten Kaufkriterien sind. Demgegenüber wird dem Klang des Signaltons (F_7) keine große Bedeutung beigemessen.

Als nächstes stellt sich der Casto AG die Frage, welche Produktkomponenten in welchem Umfang zur Realisierung der vom Kunden gewünschten Funktionen beitragen. Eine oftmals sehr schwierige von den Entwicklern und Technikern zu beantwortende Frage, weil sich einzelne Funktionen nur bedingt in Produktkomponenten auflösen lassen und eine Vielzahl von Abhängigkeiten untereinander bestehen.

Aus der Entwicklungs- und Fertigungsabteilung der Casto AG werden den Funktionen, die die Probanden als wichtig angesehen haben, die Produktkomponenten und ihr Funktionserfüllungsgrad zugeordnet:

Funktionen	F_1	F_2	F_3	F_4	F_5	F_6	F_7	F_8	F_9
Funktionsanteile aus Kundensicht in %	16,98	13,21	11,32	16,98	5,66	11,32	3,77	7,55	13,21
Produktkomponenten:									
Batterie	---	---	---	---	---	10	---	64	---
Schwingkreis	---	---	78	---	---	---	---	---	---
Elektronik und Motor	40	---	1	---	60	---	---	21	25
Zeiger und Getriebe	55	5	4	5	35	---	---	2	5
Signalrad und Kontakt	---	95	17	3	---	---	---	---	---
Gehäuse	5	---	---	82	5	---	2	---	70
Summer	---	---	---	---	---	---	98	---	---
Beleuchtung	---	---	---	10	---	90	---	13	---
Summe in %	100	100	100	100	100	100	100	100	100

Beispielsweise ist bei „Cyberspace" die Erfüllung der Funktion Ablesbarkeit in der Dunkelheit (F_6) von der Art und Größe der Batterie zu 10 % und von der Leistungsfähigkeit und Helligkeit der Beleuchtung zu 90 % abhängig.

Im nächsten Schritt werden die Funktionsanteile aus Kundensicht mit den Funktionserfüllungsgraden der Produktkomponenten multipliziert, um für jede Produktkomponente den prozentualen Betrag zu erhalten, mit dem sie die von den Kunden insgesamt gewünschten Funktionen erfüllt.

Funktionen	F_1	F_2	F_3	F_4	F_5	F_6	F_7	F_8	F_9	Σ
Funktionsanteile aus Kundensicht in %	16,98	13,21	11,32	16,98	5,66	11,32	3,77	7,55	13,21	100,00
Produktkomponenten:										
Batterie	---	---	---	---	---	1,13	---	4,83	---	5,96
Schwingkreis	---	---	8,83	---	---	---	---	---	---	8,83
Elektronik und Motor	6,79	---	0,11	---	3,40	---	---	1,59	3,30	15,19
Zeiger und Getriebe	9,34	0,66	0,45	0,85	1,98	---	---	0,15	0,66	14,09
Signalrad und Kontakt	---	12,55	1,92	0,51	---	---	---	---	---	14,98
Gehäuse	0,85	---	---	13,92	0,28	---	0,08	---	9,25	24,38
Summer	---	---	---	---	---	---	3,69	---	---	3,69
Beleuchtung	---	---	---	1,70	---	10,19	---	0,98	---	12,87
Summe in %	16,98	13,21	11,32	16,98	5,66	11,32	3,77	7,55	13,21	100,00

Die letzte Spalte der Tabelle zeigt nun den Funktionserfüllungsgrad der einzelnen Produktkomponenten, bezogen auf alle Funktionen der Sportuhr. Aus Sicht der potentiellen Kunden ist damit das Gehäuse mit 24,38 % die wichtigste und der Summer mit 3,69 % die unwichtigste Komponente.

Neben den Werten für die relativen Funktionsanteile weiß die Castro AG nun, dass ihr neues Produkt „Cyberspace" am Markt nicht mehr als 250 EUR kosten darf. Nach Abzug einer Umsatzrendite von 10 % verbleiben Zielkosten (allowable costs) in Höhe von 225 EUR.

4.2.1.2 Zielkostenerreichungsphase (Zielkostenverfolgung)

In der *Zielkostenerreichungsphase* ergeben sich zunächst durch die Gegenüberstellung der *allowable costs* (Zielkosten aufgrund einer retrograden Kalkulation) und *drifting costs* (Selbstkosten/progressive Kalkulation auf Basis eigener Standardkosten) Anhaltspunkte für die Setzung der *target costs* (Zielkosten). Dazu werden die relativen Funktionsanteile zur Funktionserfüllung, die in der Zielkostenfindungsphase ermittelt werden, mit den relativen Kostenanteilen der bisherigen Selbstkosten (Standardkosten) verglichen.

Der Vergleich erfolgt durch Bildung eines sogenannten *Zielkostenindizes*, der wie folgt zu berechnen ist:

$$\text{Zielkostenindex} = \frac{\text{Relativer Funktionsanteil}}{\text{Relativer Kostenanteil}}$$

Der Zielkostenindex gibt an, ob die einzelnen Komponenten aus Kundensicht zu teuer sind (Index < 1) oder ob der Kunde auf die damit verbundenen Funktionen mehr Wert legt (Index > 1). Ist der Index kleiner als eins, ist das ein Zeichen dafür, dass bei diesen Komponenten noch Kosten eingespart werden sollten, ist er größer als eins, kann dies Anlass sein, über eine Funktionsverbesserung nachzudenken. Die Ergebnisse können auch graphisch in einem Zielkostenkontrolldiagramm abgebildet werden.

Ziel der Zielkostenverfolgung ist die Erreichung der Zielkosten durch eine produktfunktionale Budgetierung. Die Produktgestaltung orientiert sich dabei an den Wertrelationen der vom Kunden gewünschten Produktfunktionen. Entsprechend müssen Vorhersagen getroffen werden

- zur Länge des Produktionszyklus,
- zu den Absatzmengen insgesamt und in einzelnen Jahren,
- zur Preisentwicklung der Produktionsfaktoren im Betrachtungszeitraum,
- zur Höhe der Forschungs- und Entwicklungskosten,
- zur Höhe und Entwicklung der laufenden Periodenselbstkosten unter Berücksichtigung von Fremdbezug und Eigenfertigung bei künftiger Technologie und Organisation der Produktionsdurchführung sowie
- zu den aus den vorgenannten Daten resultierenden künftigen durchschnittlichen Stückselbstkosten als Berechnungselement der festzusetzenden Zielkosten.

Beispiel:

Die Casto AG stellt in der Zielkostenerreichungsphase zunächst die ermittelten relativen Funktionsanteile den relativen Kostenanteilen gegenüber. Dazu werden Daten aus der Kostenrechnungsabteilung angefordert, die die geplanten Standardkosten für die Sportuhr „Cyberspace" ausweisen. Die nachfolgende Tabelle gibt für die einzelnen Produktkomponenten die absoluten und relativen Kostenanteile an:

Produktkomponenten	Kostenanteile in EUR	Kostenanteile in %
Batterie	24,01	8,70
Schwingkreis	52,16	18,90
Elektronik und Motor	28,43	10,30
Zeiger und Getriebe	47,20	17,10
Signalrad und Kontakt	32,02	11,60
Gehäuse	47,75	17,30
Summer	14,63	5,30
Beleuchtung	29,81	10,80
Summe	**276,00**	**100,00**

Als Ergebnis bleibt festzuhalten, dass die Standardkosten (276,00 EUR) höher als die allowable costs (225,00 EUR) sind.

4.2 Target Costing

Im Anschluss an die Aufbereitung der Daten aus der Kostenrechnungsabteilung erfolgt eine Gegenüberstellung der relativen Kostenanteile und der relativen Funktionsanteile, in dem die entsprechenden Zielkostenindizes gebildet werden:

Produktkomponenten	Relative Funktions-anteile in %	Relative Kosten-anteile in %	Zielkosten-indizes
Batterie	5,96	8,70	0,69
Schwingkreis	8,83	18,90	0,47
Elektronik und Motor	15,19	10,30	1,47
Zeiger und Getriebe	14,09	17,10	0,82
Signalrad und Kontakt	14,98	11,60	1,29
Gehäuse	24,38	17,30	1,41
Summer	3,69	5,30	0,70
Beleuchtung	12,87	10,80	1,19
Summe	**100,00**	**100,00**	

Der Zielkostenindex von 0,70 beim Summer zeigt beispielsweise, dass die Kunden dem Wecksignal nicht die Bedeutung beimessen, die es unter Berücksichtigung der Kosten haben müsste. Dies wäre beispielsweise ein Anstoß für die Entwicklungsabteilung, um über eine preisgünstigere Variante des Wecksignals nachzudenken, um dadurch die allowable costs zu erreichen, die nicht unerheblich unter den allowable costs liegen.

Ähnlich verhält es sich bei der Batterie. Die Funktionen, die von der Batterie realisiert werden (im Beispiel Laufzeit und Beleuchtung) werden von den Kunden nicht für so wichtig eingestuft, dass ein Kostenanteil von 8,7 % gerechtfertigt wäre. Eventuell kann hier eine kleinere Batteriegröße die Kosten senken.

Der Zielkostenindex von 1,41 beim Gehäuse zeigt an, dass die Kunden im Gegensatz zum jetzigen Kostenanteil bedeutend mehr Wert auf diese Komponente legen. Der Zielkostenindex größer als 1 bedeutet nicht zwangsläufig, dass das Gehäuse teurer werden muss, schließlich soll das gesamte Produkt ja kostengünstiger werden. Es signalisiert nur, dass der Schwerpunkt eher auf einer Funktionsverbesserung als auf Kostensenkung liegen sollte.

Durch Eintragen der Werte in ein Zielkostenkontrolldiagramm und die Definition einer Zielkostenzone können akzeptable und nicht akzeptable Abweichungen selektiert werden. Dabei ist es sinnvoll, bei weniger wichtigen Hauptgruppen eine größere relative Abweichung zuzulassen als bei den bedeutenden Hauptgruppen, weil bei den unbedeutenden die absoluten Kostenabweichungen nicht so groß werden.

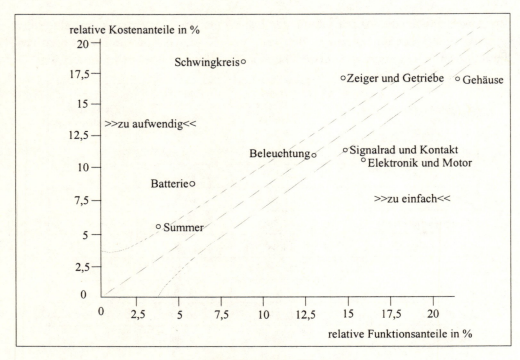

Abb. 4.3 Zielkostenkontrolldiagramm

Das *Zielkostenkontrolldiagramm* soll zeigen, ob die anteiligen Zielkosten in einem „richtigen" Verhältnis zu den Teilgewichtssummen der Komponenten stehen. Idealerweise sollte sich der Wert 1 ergeben; dann wären die Kosten proportional zu den Komponenten verteilt. Bei einem Zielkostenindex < 1 gilt die Ausgestaltung der Komponenten als zu aufwendig, bei > 1 als zu „billig". Es kann also überprüft werden, ob die getroffene Einschätzung des Kostenanteils der Erzeugniskomponenten deren Anteil am Zustandekommen der Produktfunktion entspricht.

Je näher die Punkte an der Mittelgeraden sind, um so genauer entspricht die Komponentengewichtung dem Kostenanteil. Differenzen sind um so mehr zu beachten, je höher ihr prozentualer Anteil ist. Deshalb können als Toleranzband entsprechende Zielkostenzonen (gekrümmte Linien) eingetragen werden, bei denen im unteren Bereich eine größere Abweichung zugelassen wird als im oberen Bereich.

Der *Zielkorridor* zeigt, dass die Abweichungen vom Optimalwert bei niedrigeren Teilgewichten größer sein dürfte als bei höheren. Im Rahmen des Controlling besteht das Ziel darin, weitere Kostensenkungspotentiale zu erschließen, um den Zielkostenindex immer weiter an den Wert 1 anzunähern. Dem Forschungs- und Entwicklungsbereich sowie anderen beteiligten Stellen, können regelmäßig stimulierend wirkende Kosten vorgegeben werden, die dann auch Gegenstand von Abweichungsanalysen sind (Sollkostencharakter).

Auf der Basis der Information, welche Hauptkomponenten des Produkts gemessen am Kundenwunsch zu teuer sind, setzt eine 'Knetphase' im Target Costing Prozess ein. In dieser Phase werden Funktionen überprüft, Konstruktionsänderungen eingeführt oder Wertanalysen durchgeführt, um das Kostenniveau an die Sollvorgaben anzupassen.

4.2.2 Beurteilung des Target Costing

Der Ablauf des Target Costing in den Phasen Zielkostenfindung und Zielkostenerreichung lässt sich mit der folgenden Abbildung noch einmal zusammenfassen:

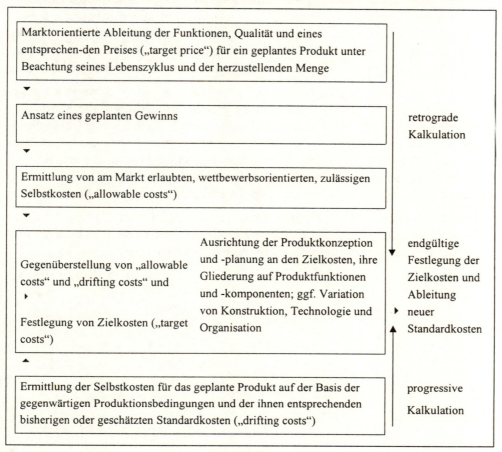

Übersicht 4.1 Ablauf Target Costing

Diese zusammenfassende Darstellung zeigt noch einmal die *Komplexität des Target Costing* auf.

Das Target Costing kann grundsätzlich als Instrument zur

- Neuproduktentwicklung oder
- Verbesserung bestehender Produkte

eingesetzt werden.

Auf der einen Seite hat der Einsatz des Target Costing bei der *Neuproduktentwicklung* den Vorteil, dass die entsprechenden Kundenwünsche rechtzeitig berücksichtigt werden können. Überflüssige Kostenstrukturen werden erst gar nicht aufgebaut und das Hauptaugenmerk des produzierenden Unternehmens liegt auf werterhöhenden Aktivitäten. Andererseits sind bei *bestehenden Produkten* zwar die Änderungsmöglichkeiten geringer, doch die Erfassung der Kundenbedürfnisse und damit die Grundlage der marktorientierten Bewertung gestaltet sich meist einfacher als bei neuen Produkten.

Allerdings ist genau die *Erfassung* der *Bedürfnisse* und *Forderungen* der *Kunden* der neuralgische Punkt des Target Costing. Mit den Ergebnissen der Kundenbefragung steht und fällt der Erfolg des Target Costing. Je umfangreicher die Befragungen und Untersuchungen durchgeführt werden, umso aussagekräftiger sind die Ergebnisse. Jedoch dürfen die dabei entstehenden Kosten für diese Markterhebungen nicht unterschätzt werden. Deshalb werden in der Praxis oft Kompromisse eingegangen zwischen der Genauigkeit auf der einen Seite und den dabei entstehenden Kosten auf der anderen Seite.

Zwar kann das Target Costing für die Produktentwicklung Schwerpunkte aufzuzeigen. Doch die einzelnen Ergebnisse dürfen *nicht isoliert* von den verschiedensten Einflüssen gesehen werden. Wenn zum Beispiel die Differenz zwischen Komponentengewichtung und Kostenanteil gering ist, kann es sein, dass eventuell vorhandene Kostensenkungspotentiale durch neue Technologien übersehen werden.

Weiter ist zu berücksichtigen, dass beim Target Costing ein vom Markt als gegeben angenommener Preis abzüglich des zu erzielenden Gewinns die Kostenvorgabe liefert. Allerdings wird dabei häufig übersehen, dass zunächst einmal ein *optimaler Marktpreis* bestimmt werden muss, bevor man daraus die target costs ableitet. Durch Kundenbefragungen muss dieser optimale Preis aber nicht automatisch bereitgestellt werden. Dazu sind andere Instrumente zusätzlich zu berücksichtigen, wie eine Preisabsatzfunktion oder auch das Lebenszykluskonzept.

Grundsätzlich kann daraus gefolgert werden, dass das Target Costing in vielen Fällen dazu beitragen kann, kostengünstiger und marktgerechter Produkte zu entwickeln und produzieren, sofern die aufgezeigten Grenzen beachtet werden.

Zusammenfassung

Nach der Lektüre des Repetitoriums ist der Leser mit den wesentlichen Instrumenten und Systemen der Kosten- und Leistungsrechnung vertraut und kann ohne Angst und Prüfungsstress an die anstehenden Prüfungsaufgaben herangehen.

Dazu wird die Kosten- und Leistungsrechnung in vier Schritten vorgestellt, wobei ein thematischer Schwerpunkt auf der Kostenrechnung liegt:

Im ersten Kapitel werden die Grundlagen der Kosten- und Leistungsrechnung vermittelt. Dabei wird deutlich, dass es sich bei der Kosten- und Leistungsrechnung um ein betriebliches Teilsystem des Rechnungswesens handelt, das der Unternehmensleitung eine Vielzahl an relevanten Informationen für unternehmerische Entscheidungen liefern kann. Wichtig dabei ist vor allem die Abgrenzung zum externen Rechnungswesen und die Definition und Abgrenzung der Begriffe Kosten und Leistungen. Dies ist wichtig, denn ohne diese Kenntnis ist es nicht möglich, die Instrumente und Systeme der Kosten- und Leistungsrechnung zu verstehen.

Im Anschluss daran wird der Ablauf der Kostenrechnung sehr ausführlich dargestellt. Das Kapitel gliedert sich gemäß der Unterteilung in Kostenarten-, Kostenstellen- und Kostenträgerrechnung. In der Kostenartenrechnung wird gefragt, welche Kosten anfallen, so dass vor allem die Instrumente von Bedeutung sind, die die Bewertung nicht sofort erkennbarer Kosten wie z. B. kalkulatorischer Abschreibungen oder Zinsen unterstützen. In der Kostenstellenrechnung geht man der Frage nach, wo die Kosten anfallen, um dadurch vor allem die nicht direkt zurechenbaren Kosten (Gemeinkosten) zurechnen zu können. Die Kostenträgerrechnung wiederum gliedert sich in die Kostenträgerstückrechnung und die Kostenträgerzeitrechnung. In der Kostenträgerstückrechnung werden die Kalkulationsobjekte kalkuliert, vor allem mit Methoden der Zuschlagskalkulation, wohingegen in der Kostenträgerzeitrechnung mittels Gesamtkosten- und Umsatzkostenverfahren das Periodenergebnis zu ermitteln ist.

Die im zweiten Kapitel vorgestellten Instrumente wurden zunächst ohne Bezug auf ein bestimmtes Kostenrechnungssystem beschrieben. Erst im dritten Kapitel wird die wichtige Unterscheidung in Systeme der Vollkosten- und Teilkostenrechnung vorgenommen. Mit den Verfahren der Teilkostenrechnung sollen die verschiedenen Mängel der Vollkostenrechnung vermieden werden, welche auf die Zurechnungsproblematik zurückzuführen sind. Denkbar sind Teilkostenrechnungssysteme auf der Basis von variablen Kosten und auf der Basis von relativen Einzelkosten. Bei den Systemen der Plankostenrechnung werden geplante Kosten den Istkosten gegenübergestellt. Durch die Analyse der Abweichungen sollen Erkenntnisse insbesondere zur Steuerung des Unternehmensprozesses gewonnen werden.

Vor allem die Prozesskostenrechnung und das Target Costing sind heute wichtige Instrumente der modernen, strategisch ausgerichteten Kosten- und Leistungsrechung. Deshalb wird diesen Instrumenten ein eigenes, viertes Kapitel gewidmet, um die Vorgehensweise ausführlich darstellen und den Anwendern eine nutzvolle Anleitung an die Hand geben zu können.

Übungsaufgaben

1. Grundlagen der Kosten- und Leistungsrechnung

Aufgabe 1.1
Welche Unterschiede bestehen zwischen dem externen und internen Rechnungswesen? Gehen Sie insbesondere auf die Aufgaben der Kosten- und Leistungsrechnung ein!

Aufgabe 1.2
Welche Stromgrößen des betrieblichen Rechnungswesens kennen Sie? Gehen Sie insbesondere auf die Unterschiede der Begriffe "Aufwand" und "Kosten" ein!

Aufgabe 1.3
Inwieweit unterscheiden sich der wertmäßige und der pagatorische Kostenbegriff voneinander?

2. Ablauf der Kostenrechnung

Aufgabe 2.1
Erklären Sie die folgenden Begriffe kurz:
(1) Einzelkosten
(2) Sekundäre Kosten
(3) Fixe Kosten
(4) Normalkosten
(5) Opportunitätskosten

Aufgabe 2.2
Nach welchen Prinzipien können die Kosten verteilt werden? Nennen Sie deren Vorgehensweise, Vor- und Nachteile!

Aufgabe 2.3
Für eine Materialart sind aus der Lagerbuchhaltung die folgenden Daten bekannt:

Anfangsbestand	240 Stück
Zugang am 20. Januar	120 Stück
Abgang am 24. Januar	180 Stück

Abgang am 02. Februar	60 Stück
Zugang am 26. Februar	150 Stück
Abgang am 19. März	210 Stück
Endbestand (lt. Inventur)	40 Stück

Im Betrachtungszeitraum wurden insgesamt 140 Stück eines Erzeugnisses, in dem das obige Materialteil mit jeweils 3 Stück enthalten ist, an das Fertigwarenlager abgeliefert.

Berechnen Sie den Verbrauch für das Materialteil und zwar nach der

(a) Skontrationsmethode

(b) Rückrechnung

(c) Inventurmethode

Aufgabe 2.4

Herr Backfix hat sich eine Teigmaschine für 42.000,- EUR netto gekauft. Die Nutzungsdauer der Maschine schätzt er aufgrund der ihm vorliegenden Afa-Tabellen auf 5 Jahre. Den Restwert nach diesen 5 Jahren prognostiziert er mit 3.000,- EUR. In 5 Jahren ist mit einem Wiederbeschaffungspreis für eine Teigmaschine von 54.000,- EUR zu rechnen. Für die Kalkulatorische Abschreibung in der Kostenrechnung kann Herr Backfix sich für die Abschreibungsmethode entscheiden, die ein den tatsächlichen Verhältnissen entsprechendes Bild des Werteverzehrs am besten widerspiegelt.

In den folgenden Jahren erwartet Herr Backfix aufgrund einer Marktanalyse des Unternehmensberaters Weißnix einen steigenden Absatz seiner Brötchen. Die Inanspruchnahme der Maschine schätzt er deshalb wie folgt:

1. Jahr:	50.000 Brötchen
2. Jahr:	80.000 Brötchen
3. Jahr:	110.000 Brötchen
4. Jahr:	120.000 Brötchen
5. Jahr:	150.000 Brötchen

Berechnen Sie für die folgenden Abschreibungsmethoden die Abschreibungen für die jeweiligen Jahre:

(a) linear

(b) geometrisch-degressiv (30 %)

(c) arithmetisch- degressiv

(d) leistungsabhängig

Aufgabe 2.5

Nach welchen Kriterien können Kostenstellen gebildet werden? Nennen Sie den Unterschied zwischen Haupt- und Hilfskostenstellen!

Übungsaufgaben

Aufgabe 2.6

Welche verschiedenen Verfahren zur innerbetrieblichen Leistungsverrechnung gibt es? Charakterisieren sie diese kurz!

Aufgabe 2.7

Welche Kalkulationsverfahren sollte man für welche Fertigungsverfahren einsetzten?

Aufgabe 2.8

Ein Hersteller von Haushaltswaren produziert drei verschiedene Arten von Plastiktaschen, die sich in Größe und Form unterscheiden, deren Herstellprozess aber sehr ähnlich ist. Zur rechentechnischen Vereinfachung werden deshalb die angefallenen Kosten unter Verwendung folgender Äquivalenzziffern den Produkten zugerechnet:

Produkt	Herstellkosten fix	Herstellkosten variabel	Vertriebskosten
A	1,2	1,0	1,7
B	1,0	1,4	1,3
C	1,4	2,0	1,0

Für die Herstellung fielen 25.560,- EUR fixe Kosten und 29.880,- EUR variable Kosten an, die Vertriebskosten betrugen 12.240,- EUR, wovon die Hälfte als fix anzusehen ist.

Darüber hinaus sind folgende Mengen- und Erlösdaten bekannt:

	Produzierte Menge (St.)	Verkaufte Menge (St.)	Erlöse DM/St.
A	50	40	645
B	40	50	595
C	30	20	618

Errechnen Sie die variablen und vollen Selbstkosten je Stück der abgesetzten Produkte.

Aufgabe 2.9

Als Leiter des Rechnungswesens der Maschinenbau AG sollen Sie eine Kalkulation eines Auftrages überprüfen, ob dieser angenommen werden soll oder nicht.

a) Komplettieren Sie den Betriebsabrechnungsbogen auf dem beiliegenden Arbeitsblatt und ermitteln Sie die Zuschlagssätze (für die 4 Hauptkostenstellen) für eine differenzierende Zuschlagskalkulation, indem Sie das Stufenleiterverfahren anwenden (die Reihenfolge der Verteilung der Gemeinkosten auf die einzelnen Kostenstellen entspricht der Anordnung im BAB!). Dabei werden die Mietkosten gemäß den qm-Zahlen und die Sozialkosten proportional zu den

114 *Übungsaufgaben*

Bruttolohnkosten *und* Gehaltskosten geschlüsselt. Die Kosten der allgemeinen Hilfskostenstellen sollen nach Köpfen, die Kosten der Fertigungshilfskostenstelle analog den Fertigungslohnkosten (FLK) umgelegt werden.

b) Bestimmen Sie die Selbstkosten des Auftrages, für den folgende Daten zusammengestellt wurden:

Materialkosten des Auftrages	18.650,00	EUR
Fertigungsstunden der Fertigungskostenstelle A	36	h
Fertigungslöhne der Fertigungskostenstelle A	14,40	EUR
Fertigungsstunden der Fertigungskostenstelle B	68	h
Fertigungslöhne der Fertigungskostenstelle B	12,80	EUR
Sondereinzelkosten der Fertigung	3.800,00	EUR
Sondereinzelkosten des Vertriebs	2.300,00	EUR

	zu verteilende Kosten	Allgemeine Hilfskostenstellen	Fertigungs-KSt A	Fertigungs-KSt B	Fertigungshilfs.-KSt	Material-KSt	Verw.+ Vertr.-KSt
Σ der übrigen Gemeinkosten	36.349,-	6.515,-	11.408,-	2.525,-	6.193,-	2.392,-	7.316,-
Mietkosten	8.880,-	3205	1925	1405	600	750	995
Sozialkosten	31.962,-	3980	11.442	11.442	8.850	2592	4140
Σ Gemeinkosten	77.191	13.200	24775	12780	9385	5734	12451
Umlage I			5400	3600	1200	600	2400
Zwischensumme			30175	16380	10585	5200 GK	14851 GK
Umlage II			6035	4550			
Σ Gemeinkosten			36210	20930			
Zuschlagsbasen			12070	9100		65000	148.510
Zuschlagsätze			300	230		10	

Umlageschlüssel/ Bezugsgrößen							
1. genutzte Fläche (m²)	1.776	641	385	281	120	150	199
2. Bruttolohn + Gehaltskosten (DM) - davon FLK	53.270,- 21.170,-	5.800,-	19.070,- 12.070,-	14.750,- 9.100,-	4.320,-	2.430,-	6.900,-
3. Beschäftigte	24	2	9	6	2	1	4
4. Materialeinzelkosten						65.000,-	

Aufgabe 2.10

a) Ergänzen Sie den folgenden, verkürzten Betriebsabrechnungsbogen und ermitteln Sie die Gemeinkostenzuschlagsätze, wobei
- die Kosten der allgemeinen Hilfskostenstelle "soziale Einrichtungen" proportional zur Zahl der Beschäftigten (Umlage A),
- die Kosten der Fertigungshilfsstelle gemäß den verrechneten Fertigungseinzelkosten (Umlage B) umgelegt werden sollen.

Kostenstellen Kostenarten	Soziale Einrichtungen	Fertigung I	Fertigung II	Fertigungshilfsstelle	Materialstelle	Verwaltungs- und Vertriebsstelle
Beschäftigte	20	40	12	6	2	10
Summe GK I	56.000,-	172.800,-	53.600,-	78.000,-	14.000,-	72.234,-
Umlage A						
Umlage B						
Summe GK II						
Einzelkosten/HK		128.000,-	79.000,-		156.000,-	HK:
Zuschlagsätze						

b) Wegen des hohen Zuschlagssatzes in Fertigung I führt das Unternehmen eine Maschinenstundensatzrechnung durch. Dabei stellt sich heraus, dass 40 % der Gesamtkosten auf eine Anlage entfällt, deren monatliche Kapazität 640 Stunden beträgt.

Erstellen Sie unter diesen Bedingungen eine Zuschlagskalkulation (Selbstkosten), für die folgende Daten gegeben sind:

	Fertigung I	Fertigung II
Materialeinzelkosten 20 600,-		
Fertigungszeit (Std./St.)	24	52
Rüstzeit (Std./Los)	12	-
Fertigungslohn (EUR/Std.)	20	18
Losgröße (Stück)	10	-

Aufgabe 2.11

Ein Unternehmen bestehe u. a. aus den drei Hilfskostenstellen H1, H2, H3 und den Hauptkostenstellen KI und KII. H1 (das Kraftwerk) stellte in der Abrechnungsperiode 100.000 kWh Strom her. Davon verbrauchte das Kraftwerk selbst 10.000 kWh und gab folgende Leistungen an die übrigen Kostenstellen ab:

> H2 : H3 : KI : KII = 8.000 : 10.000 : 40.000 : 32.000

H2 (Kantine) gab insgesamt 2.000 Mittagessen aus. Diese verteilten sich wie folgt:

> H1 : H3 : KI : KII = 80 : 220 : 900 : 800

H3 (Instandhaltung) erbrachte insgesamt 500 Leistungsstunden, wobei auf H1 50 Stunden, auf KI 150 Stunden und KII 300 Stunden entfielen.

Die primären Gemeinkosten in der Abrechnungsperiode wurden wie folgt ermittelt (in EUR):

$$H1 : H2 : H3 : KI : KII = 20.000 : 16.000 : 50.000 : 200.000 : 600.000$$

a) Formulieren Sie den Ansatz für die innerbetriebliche Leistungsverrechnung mit Hilfe des mathematischen Verfahrens.

b) Es gelten die Daten aus Aufgabe a). Als Lösung des obigen Ansatzes mögen sich die folgenden (gerundeten) Verrechnungspreise q1, q2 und q3 ergeben:

$q1 =$ 0,30 EUR/kWh

$q2 =$ 9,00 EUR/Mittagessen

$q3 =$ 110,00 EUR/Instandhaltungsstunde

Ermitteln Sie die zur Kalkulation notwendigen Zuschlagssätze, wenn als gesamte Gemeinkosten (primäre und sekundäre) für die Hauptkostenstelle "Material" EUR 38.430,00 und die Hauptkostenstelle "Verwaltung und Vertrieb" EUR 130.536,00 festgestellt wurden und folgende Einzelkosten gegeben sind:

	KI	KII	Material	Verwaltung/Vertrieb
Einzelkosten/Zuschlagsbasis	295.750,00	259.920,00	384.300,00	HK

c) Berechnen Sie die Selbstkosten eines Produktes, für das folgende Angaben vorliegen:

		KI	KII
Materialeinzelkosten (EUR/Stck.)	32.000,00		
Fertigungszeit (Std./Stck.)		16	9
Rüstzeiten (Std. für 200 Stck.)			28,0
Fertigungslohn (EUR/Std.)		22,00	24,00
Werkzeugkosten (EUR für 200 Stück)		84.000,00	
Sondereinzelkosten des Vertriebs (EUR/Stück)	3.400,00		

Aufgabe 2.12

Worin besteht der Unterschied zwischen der Kostenträgerstück- und der Kostenträgerzeitrechnung?

Aufgabe 2.13

Ein Spielwarenproduzent stellt in einer Niederlassung drei hochwertige, ferngesteuerte Spielzeugautos her. Sie sollen als Assistent des Betriebsleiters mittels einer kurzfristigen Erfolgsrechnung den Periodenerfolg berechnen. Aus der Gewinn-

und Verlustrechnung werden folgende Aufwendungen für die Periode in die Kostenrechnung übernommen:

Materialkosten	39.000,- EUR
+ Personalkosten	72.000,- EUR
+ Raumkosten	37.000,- EUR
+ Energiekosten	16.000,- EUR
+ Verwaltungs- und Vertriebskosten	79.500,- EUR

Eine Kostenaufspaltung im Rechnungswesen führt zu folgender Datenkonstellation:

Autotyp	Avus	Monaco	Hockenheim
Verkaufspreis/Stück	120,- EUR	75,- EUR	200,- EUR
Herstellkosten/Stück	60,- EUR	65,- EUR	80,- EUR
VW- und VT-Kosten/Stück	30,- EUR	15,- EUR	40,- EUR
Produktionsmengen	$x_p = 1.200$	$x_p = 800$	$x_p = 500$
Absatzmengen	$x_a = 900$	$x_a = 1.500$	$x_a = 750$

Ermitteln Sie den Periodenerfolg (Betriebsergebnis) sowohl nach dem Gesamtkostenverfahren (GKV) als auch nach dem Umsatzkostenverfahren (UKV) auf Vollkostenbasis mittels einer Kontenrechnung!

3. Systeme der Kostenrechnung

Aufgabe 3.1

Skizzieren Sie, worin sich Voll- und Teilkostenrechnung im Kern unterscheiden. Gehen Sie vor allem auf die Mängel der Vollkostenrechnung ein!

Aufgabe 3.2

In welchen Stufen vollzieht sich die Vollkostenrechnung? Beschreiben Sie diese kurz!

Aufgabe 3.3

Eine kleinere chemische Fabrik stellt drei in Tuben abgefüllte Produkte her. Bedingt durch die Kapazität der Tubenfüllmaschine wurden bisher pro Monat realisiert:

	Zahn-pasta	Haut-balsam	Sonnen-lotion
Produzierte = abgesetzte Menge in Einheiten	2.000	7.000	3.000
Erzielte Marktpreise pro Einheit in EUR	3,50	2,70	5,80
Mengenmäßige Absatzobergrenze lt. Markt-forschungsbericht in Einheiten	6.000	10.000	4.000
Daten der Kostenrechnung in EUR			
a) Variable Stückkosten			
1. Fertigungsmaterial	-,55	-,40	-,60
2. Fertigungslöhne	-,20	-,35	-,80
3. Gemeinkosten	1,20	1,60	1,80
b) Fixe Kosten für die gesamte Produktion		6.900,-	

Es sollen im Folgenden bestimmt werden:

a) Die Deckungsbeiträge für die einzelnen Produktarten.

b) Der Nettobetriebserfolg des realisierten Produktionsprogramms (Betriebs-ergebnis).

c) Die Möglichkeit der Umstellung des Produktionsprogramms zur Verbesserung des Nettobetriebserfolgs, wenn für die Engpasskapazität "Tubenabfüll-maschine" folgende Angaben gelten:

Gesamtkapazität: 170 Std./Monat

	ZP	HB	SL
Füllzeit pro Tube min/Tube	0,7	0,4	2,0

Wie hoch ist das Betriebsergebnis nach Umstellung des Produktionspro-gramms?

Aufgabe 3.4

Die Heilpille AG stellt die Produkte P und Q her. Die Höhe der geplanten Stück-erlöse und der geplanten variablen Stückkosten sowie die maximal absetzbaren Mengen sind in der folgenden Abbildung dargestellt:

	P	Q
Absatzpreis/Stck.	5,00	7,00
variable Kosten/Stck.	1,40	1,80
maximal absetzbare Mengen	20.000	25.000

Die fixen Kosten betragen insgesamt 90.000,00 EUR pro Abrechnungsperiode. Die Heilpille AG hat Beschaffungsschwierigkeiten: Von dem in P und Q eingehenden Zwischenprodukt Z sind maximal 1.000 kg zu beschaffen. Die Produktions-koeffizienten, die angeben, wieviel Gramm des Zwischenprodukts in das jeweilige Produkt eingehen, betragen:

	P	Q
Produktionskoeffizient	20 g/Stck.	30 g/Stck.

a) Bestimmen Sie die Rangfolge der Förderungswürdigkeit der Produktarten und ermitteln Sie das Ergebnis der Planperiode für das optimale Produktions- und Absatzprogramm!

b) Noch vor Aufnahme der Produktion des geplanten Programms fragt ein ausländischer Großkunde an, ob die Heilpille AG kurzfristig in der Lage und bereit sei, 8.000 Stück eines Produkts R zu liefern, das wie Q hergestellt wird, allerdings nur 15 g des Zwischenprodukts Z pro Stck. enthält. Die variablen Kosten dieses Produkts würden deshalb um 0,30 EUR unter denen von Q liegen. Das Produkt soll im Ausland vertrieben werden. Das nachfragende Unternehmen ist nicht bereit, mehr als 2,00 EUR/Stck. zu bezahlen, könnte aber vom Zwischenprodukt Z (zusätzlich) 90 kg zu marktüblichen Konditionen zur Verfügung stellen. Das Unternehmen drängt auf einen schnellen Vertragsabschluss, andernfalls müsse es sich bei der Konkurrenz um entsprechende Lieferungen bemühen.

ba) Sollte die Heilpille AG den Zusatzauftrag unter Berücksichtigung der Beschaffungsschwierigkeiten beim Zwischenprodukt Z annehmen?

bb) Bei welchem Preis/Stck. für R wäre die Heilpille AG indifferent zwischen der Annahme und der Ablehnung des Zusatzauftrages?

Aufgabe 3.5

Ein Büromaschinenhersteller fertigt 4 Produkte A - D. Er benötigt ein zusätzliches Variantenteil E, dessen Bedarf mit 700 Stück in der Planungsperiode prognostiziert ist.

Dieses Variantenteil E kann in der eigenen Dreherei hergestellt oder auch zugekauft werden.

Beim Zukauf würde ein Kaufpreis von 23,00 EUR pro Stück anfallen. Bei Eigenfertigung des Variantenteils E entstehen nur variable Kosten in der Dreherei für die geplante Menge von 700 Stück in Höhe von insgesamt 6.300,00 EUR bei einer Fertigungszeit von 10 Minuten pro Stück. Produktartfixe Kosten fallen nicht an.

Die Dreherei verfügt über eine Kapazität von 16.500 Minuten in der Planungsperiode. Sie ist bisher mit der Bearbeitung der 4 Produkte A - D voll ausgelastet, die auch weiterhin in den in folgender Tabelle angegebenen Mengen bei gleichbleibender Kostenstruktur produziert werden könnten:

Produkt	A	B	C	D
maximale Absatzmenge in Stück	500	400	600	350
Verkaufspreis in DM pro Stück	18,00	25,00	15,00	20,00
Gesamtkosten in DM	30.000,00			
variable Kosten in DM	2.800,00	5.200,00	2.100,00	2.450,00
Fertigungszeit in min pro Stück	8	15	5	10

Ermitteln Sie bei der Frage, ob das Variantenteil E eigengefertigt oder zugekauft werden soll,

a) das gewinnmaximale Produktionsprogramm und

b) berechnen Sie, wieviel bei diesem Programm gegenüber einem Zukauf, im Vergleich zum ursprünglichen Produktionsprogramm A - D in der Dreherei, einzusparen wäre.

Aufgabe 3.6

Ein Industriebetrieb produziert 8 Produktarten, für die folgende Daten gegeben sind:

Artikel-Nr.	Erzielbarer Absatz (Stück/Jahr)	Verkaufspreis (EUR/Stück)	Grenzselbstkosten (EUR/Stück)	Deckungsbeitrag (EUR/Stück)	Engpassbelastung (Min./Stück)
1	8.000	75,40	65,40	10,00	10
2	10.000	78,20	54,20	24,00	8
3	12.000	73,00	48,60	24,40	4
4	10.000	90,25	56,25	34,00	5
5	15.000	80,00	48,20	31,80	6
6	25.000	52,70	36,70	16,00	4
7	20.000	44,15	30,65	13,50	3
8	12.000	54,50	35,00	19,50	5

Die gesamten Fixkosten einer Periode betragen 1.633.800,00 EUR.

a) Welche Absatzmengen sind in die Absatzplanung aufzunehmen, wenn die Kapazität 672.000 Min./Jahr beträgt und welcher Gesamtdeckungsbeitrag wird hierbei erzielt?

b) Würden Sie bei einer Kapazität von 672.000 Min./Jahr einen Zusatzauftrag annehmen, für den folgende Daten gelten?

Grenzselbstkosten	=	60,00 EUR
Verkaufspreis	=	84,50 EUR
Engpassbelastung	=	7 Minuten
Stückzahl	=	4.000 Stück/Jahr

Der Zusatzauftrag verursacht keine sprungfixen Kosten und beeinflusst die Absatzmengen und Preise der Artikel 1 bis 8 nicht. Welche Preisuntergrenze gilt für diesen Zusatzauftrag? Wie erhöht sich der Gesamtdeckungsbeitrag?

c) Wie verändern sich die unter b) ermittelten Ergebnisse, wenn der Zusatzauftrag pro Monat 4.000 EUR zusätzliche Fixkosten für die Anmietung eines Lagerraums erfordert?

d) Welche Absatzmengen sind in die Absatzplanung aufzunehmen, wenn die Kapazität nur 448.000 Min./Jahr beträgt. Wie verringert sich der Gesamtdeckungsbeitrag gegenüber a)? Wie hoch ist der Opportunitätskostensatz des Engpasses?

e) Würden Sie bei einer Kapazität von 448.000 Min./Jahr den unter b) angegebenen Zusatzauftrag annehmen? Welche Preisuntergrenze gilt für diesen Zusatzauftrag? Welche bisherigen Produktmengen müssen gestrichen werden? Wie verändert der Zusatzauftrag den Gesamtdeckungsbeitrag?

f) Formulieren Sie für die Ausgangsdaten ein lineares Programm zur Bestimmung des gewinnmaximalen Produktions- und Absatzprogramms, und erläutern Sie die verwendeten Symbole!

Aufgabe 3.7

In einer Unternehmung werden die Produkte A, B, C und D hergestellt. Für die kommende Periode sind folgende Planwerte ermittelt worden:

	PRODUKTE			
	A	**B**	**C**	**D**
Herstellungs- und Absatzmenge	10.000	20.000	5.000	30.000
Stückpreis	5,00	3,00	6,00	1,00
Variable Herstellkosten der Periode	10.000,-	20.000,-	10.000,-	10.000,-
Fixe Herstellkosten	20.500,-	15.000,-	12.000,-	2.200,-
Variable Vertriebskosten der Periode	1.000,-	500,-	1.500,-	800,-

	KOSTENSTELLEN	
	Werkstatt 1 (Herst. A u. B)	Werkstatt 2 (Herst. C u. D)
Variable Herstellkosten	18.000,-	12.000,-
Fixe Herstellkosten	20.000,-	1.500,-
Fixe Herstellkosten der Produktion: (Werkstatt 1 und 2 zusammen)		5.000,-
Variable Kosten der Unternehmensführung:		5.000,-
Fixe Kosten der Unternehmensführung:		10.000,-

Die variablen Herstellkosten der Werkstätten 1 und 2 werden im Verhältnis der den Produkten direkt zurechenbaren variablen Herstellkosten auf die in jeder Werkstatt bearbeiteten Produkte verteilt. Die variablen Kosten der Unternehmensführung werden im Verhältnis der direkt zurechenbaren variablen Herstellkosten auf die Produkte verteilt.

a) Berechnen Sie den Periodengewinn über eine mehrstufige Deckungsbeitragsrechnung.
b) Welche Maßnahmen schlagen Sie zur Verbesserung des Gewinns vor?

Aufgabe 3.8

Als Assistent des Betriebsleiters sollen Sie eine kurzfristige Erfolgsrechnung nach dem Umsatzkostenverfahren zu Vollkosten und Teilkosten erstellen. Die Datenerhebung führt zu folgendem Ergebnis:

Produkt	1	2	3
Verkaufspreis in EUR	120,00	75,00	200,00
volle Selbstkosten in EUR	90,00	80,00	120,00
Grenzselbstkosten in EUR	40,00	35,00	90,00
Absatzmengen	900,00	1.500,00	750,00

Fixkosten der Periode: 150.000,- EUR

a) Berechnen Sie die Ergebnisse sowohl auf Voll- als auch auf Teilkostenbasis!

b) Wie ist die Differenz der Ergebnisse zu interpretieren? Wann müssen die Ergebnisse übereinstimmen?

Aufgabe 3.9

Für ein Einproduktunternehmen gelten folgende Daten:

Fixkosten pro Monat	500.000,- EUR
Verkaufspreis	10 EUR je Stück
variable Stückkosten	8 EUR je Stück

a) Berechnen Sie den Break-Even-Punkt.

b) Berechnen Sie den Break-Even-Umsatz und den sich dabei ergebenden Deckungsbeitrag.

Aufgabe 3.10

Die Marktforschungsabteilung der Aromafix AG prognostiziert für eine neu in den Markt einzuführende Kaffeemaschine Typ Z eine mögliche Absatzmenge für den Einführungsmonat September von ca. 3.000 Stück.

Die Plandaten für die Kaffeemaschine Typ Z lauten:

-	Variable Herstellkosten pro Stück	35,00	EUR
-	Variable Vertriebskosten pro Stück	5,00	EUR
-	Gesamte fixe Herstellkosten	130.000,00	EUR
-	Gesamte fixe Vertriebskosten	14.000,00	EUR
-	Preis je Kaffeemaschine	100,00	EUR

a) Als Vorstandsassistent werden Sie beauftragt, durch ein geeignetes Analyseverfahren zu überprüfen, ob die Markteinführung vorgenommen werden sollte, wenn der Vorstand als Zielgröße die Break-Even-Menge anstrebt.

b) Nach erfolgter Produkteinführung sollen Sie Anfang Oktober das Betriebsergebnis mittels des Gesamt- und Umsatzkostenverfahrens für die Kaffeemaschine Typ Z für den September berechnen. Dazu stehen Ihnen folgende Istdaten des Septembers zur Verfügung:

-	abgesetzte Menge	x_a = 3.100 Stück
-	produzierte Menge	x_p = 3.250 Stück
-	die sonstigen Plandaten haben sich bestätigt!	

Aufgabe 3.11

In einer Unternehmung werden die fünf Produkte A, B, C, D und E hergestellt. Diese durchlaufen drei Fertigungsstufen I, II und III. In der folgenden Tabelle sind für jede Fertigungsstelle neben der Kapazität (in Stunden) auch die Kapazitätsbelastungen pro Stück für die einzelnen Produkte aufgeführt:

max

	Kapazität	A	B	C	D	E
I	1.000	1	0,5	0,75	2	3
II	800	0,5	0,5	2	1	1
III	1.000	2,5	3	0,25	0,5	1

Die Unternehmensleitung geht davon aus, dass in der Planungsperiode von den Produkten A, B und C jeweils maximal 200 Stück abgesetzt werden können, während von den Produkten D und E jeweils maximal 100 Stück absetzbar sind.

Die Nettoerlöse pro Stück sowie die Einzelkosten pro Stück (Leistungskosten) entnehmen Sie der folgenden Tabelle (in GE):

	A	B	C	D	E
Nettoerlös/Stück	43	20	32	40	12
Einzelkosten/Stück	38	15	22	30	5

Die Bereitschaftskosten betragen 4.500 Geldeinheiten.

a) Ermitteln Sie das gewinnmaximale Produktionsprogramm sowie den dazugehörigen Periodenerfolg.

b) Wie lautet das optimale Produktionsprogramm, wenn die Kapazität der Fertigungsstelle III 1.500 Stunden beträgt? Welche Überlegungen sind anzustellen, wenn in Zukunft nicht mit einer Erhöhung der maximal absetzbaren Menge zu rechnen ist?

Aufgabe 3.12

Was versteht man unter einer Plankostenrechnung? Nennen Sie die Vor- und Nachteile der starren und flexiblen Plankostenrechnung!

Aufgabe 3.13

Welche möglichen Abweichungsarten kann man im Rahmen der Abweichungsanalyse unterscheiden?

Aufgabe 3.14

In der Kostenstelle "Schreinerei" eines Industrieunternehmens wird bei einer Planbeschäftigung von 2.400 Fertigungsstunden/Monat mit Plankosten in Höhe von 80.000,- EUR/Monat gerechnet, wovon 20.000,- EUR/Monat fixe Kosten sind.

a) Wie lautet die Sollkostenfunktion der Schreinerei bei einer auf Vollkosten basierenden flexiblen Plankostenrechnung?

b) Erstellen Sie ein Diagramm, in das Sie die Sollkostenfunktion und die Funktion der verrechneten Plankosten eintragen (Achsenbezeichnungen!!).

c) Wie hoch sind bei einer Istbeschäftigung von 1.800 Fertigungsstunden/Monat die Verbrauchs- und Beschäftigungsabweichung, wenn die Istkosten 75.000, EUR pro Monat betragen? Tragen Sie die Verbrauchs- und Beschäftigungsabweichung in das in b) erstellte Diagramm ein.

d) Wie lautet die Sollkostenfunktion und wie hoch wären die verrechneten Plankosten im Rahmen der Grenzplankostenrechnung?

Aufgabe 3.15

Eine Industrieunternehmung führt für ihre Kostenstelle im Produktionsbereich eine flexible Plankostenrechnung auf Vollkostenbasis durch. In der Kostenstelle "Dreherei" sind für einen Monat 1.000 Maschinenstunden geplant. Dafür werden Plankosten in Höhe von 10.000.- EUR vorgegeben. Die Kostenplanung ergibt ferner, dass von einem linearen Kostenverlauf mit einem Gesamtvariator von 5 ausgegangen werden kann.

Nach Ablauf eines Monats wird festgestellt, dass die Kostenstelle "Dreherei" lediglich eine Beschäftigung von 900 Maschinenstunden erreicht hat und dass dabei Istkosten von 9.800.- EUR angefallen sind.

a) Definieren Sie den Begriff "verrechnete Plankosten"! Wie hoch sind im Beispiel die verrechneten Plankosten (bei Istbeschäftigung)?

b) Was verstehen Sie unter "Sollkosten"? Wie hoch sind im Beispiel die Sollkosten (bei Istbeschäftigung)?

c) Was ist eine "Gesamtabweichung" (gesamte Mengenabweichung)? Wie hoch ist diese im Beispiel?

d) Aus welchen Komponenten besteht die Gesamtabweichung? Definieren Sie diese Komponenten und ermitteln Sie ihre Höhe!

Aufgabe 3.16

Für den Verbrauch eines Faktors waren folgende Menge und folgender Preis geplant:

        Menge (m):   1.000 ME

        Preis (p):   10,00 EUR

Im Anschluss an die Planperiode werden folgende Primärabweichungen gemessen:

        Preisabweichung: 1.500

        Mengenabweichung: 200

Ermitteln Sie die Istmenge, den Istpreis, die Abweichung 2. Grades und die Gesamtabweichung.

4. Strategische Instrumente der Kostenrechnung

Aufgabe 4.1

Die Winternorm GmbH erzeugt aus Kunststoffgranulat Fensterrahmen und als Spezialprodukt Kunststoffrahmen für Balkon- und Verandatüren. Da am Markt zur Zeit ein großer Konkurrenzdruck herrscht und sowohl Preis- als auch Mengensteigerungen nicht möglich erscheinen, versucht die Geschäftsführung, die Kostenseite besser in den Griff zu bekommen, um so eine Gewinnsteigerung erzielen zu können. Bisher praktiziert Winternorm eine Zuschlagskalkulation, überlegt allerdings die Einführung einer Prozesskostenrechnung und hat daher schon einige Kostentreiber ermittelt. Die zur Verfügung stehenden Daten sind in den folgenden Tabellen enthalten:

	Fenster	Türen
Produktionsmenge = Absatzmenge	5.000	600
Verkaufspreis	1.200	3.300

Kostenart	Kostentreiber	Fenster	Türen	Gesamtkosten
Fertigungsmaterial	Materialmenge (kg/Stück)	1	3	2.380.000
Materialgemeinkosten	Anzahl Lagerbewegungen	6	6	300.000
Fertigung	Fertigungsstunden (je Stück)	1	3	1.36.000
	Maschinenstunden (je Stück)	2	5	1.780.000
	Rüstvorgänge	4	6	36.000
Verwaltung/Vertrieb	Anzahl Bestellungen	250	300	500.000

a) Ermitteln Sie die Selbstkosten je Fenster (Tür) nach der Zuschlagskalkulation (mit den typischen Bezugsgrößen Fertigungsmaterial, Fertigungslöhne und Herstellkosten) sowie nach der Prozesskostenrechnung. Wie ist die Vorteilhaftigkeit der einzelnen Produkte zu beurteilen?

b) In der Verwaltungs- und Vertriebsstelle ist die Kapazität mit 550 Bestellungen beschränkt, die 500.000,00 EUR Gesamtkosten sind die Vollkosten bei Kapazitätsplanung. Ermitteln Sie die Gesamtkosten für 330 Bestellungen nach den Grundsätzen der Prozesskostenrechnung. Wie hoch sind die "tatsächlichen" Kosten, wenn in der betrachteten Periode nur 50 % der Gesamtkosten bei Kapazitätsplanung variabel in Bezug auf die Anzahl der Bestellungen reagieren, der Rest als fix zu betrachten ist. Wie ist die Differenz zu erklären?

Aufgabe 4.2

Ein Unternehmen der Konsumgüterindustrie fertigt Haushaltsscheren in Serienfertigung. Bei einem neu zu entwickelnden Produkt möchte der Projektleiter erstmals die Kostenmanagementmethode Target Costing einsetzen.

Folgende Informationen stehen bereits zur Verfügung:

Funktion	F_1 Schnittleistung	F_2 Lebensdauer	F_3 Ergonomie	Summe
Teilgewicht	0,5	0,3	0,2	1

Tabelle 1: Produktion der Haushaltsschere sowie deren Bedeutung für den Kunden

Komponente	C_1 Schermesser	C_2 Griffe	C_3 Drehverbindung	Summe
Kostenanteil	0,75	0,2	0,05	1

Tabelle 2: Produktkomponenten der Haushaltsschere sowie deren Kostenanteile

Komponente / Funktion	C_1 Schermesser	C_2 Griffe	C_3 Drehverbindung	Summe
F_1: Schnittleistung	0,65	0	0,35	1
F_2: Lebensdauer	0,4	0,25	0,35	1
F_3: Ergonomie	0,5	0,5	0	1

Tabelle 3: Beitrag der Produktkomponenten zur Realisierung der Produktfunktionen

a) Bestimmen Sie die Bedeutung jeder Produktkomponente (C_1, C_2, C_3) für jede einzelne Teilfunktion sowie über alle Teilfunktionen hinweg und berechnen Sie sodann die Zielkostenindizes aller Produktkomponenten (C_1, C_2, C_3).

b) Tragen Sie die unter Aufgabenteil a) berechneten Zielkostenindizes der Produktkomponenten in ein von Ihnen zu skizzierendes und zu erläuterndes Zielkostenkontrolldiagramm (mit vollständiger Bezeichnung!) ein. Interpretieren Sie anschließend allgemein die Zielkostenindexwerte von 1, kleiner 1 und größer 1!

Lösungshinweise

zu Aufgabe 1.1

s. Kapitel 1.1 und 1.2

zu Aufgabe 1.2

s. Kapitel 1.3

zu Aufgabe 1.3

s. Kapitel 1.3

zu Aufgabe 2.1

s. Kapitel 2.1.3, 2.1.4 und 3.1

zu Aufgabe 2.2

s. Kapitel 2.2.4

zu Aufgabe 2.3

a) 450 Stück
b) 420 Stück
c) 470 Stück

zu Aufgabe 2.4

a) Abschreibungsbetrag pro Jahr 10.200,- EUR
b) Abschreibungsbeträge für das
- 1. Jahr: 16.200,- EUR
- 2. Jahr: 11.340,- EUR
- 3. Jahr: 7.938,- EUR
- 4. Jahr: 5.557,- EUR
- 5. Jahr: 9.965,- EUR

c) Abschreibungsbeträge für das
- 1. Jahr: 17.000,- EUR
- 2. Jahr: 13.600,- EUR
- 3. Jahr: 10.200,- EUR

4. Jahr: 6.800,- EUR
 5. Jahr: 3.400,- EUR
d) Abschreibungsbeträge für das
 1. Jahr: 5.000,- EUR
 2. Jahr: 8.000,- EUR
 3. Jahr: 11.000,- EUR
 4. Jahr: 12.000,- EUR
 5. Jahr: 15.000,- EUR

zu Aufgabe 2.5

s. Kapitel 2.2.2

zu Aufgabe 2.6

s. Kapitel 2.2.4

zu Aufgabe 2.7

s. Kapitel 2.3.2.1, 2.3.2.2 und 2.3.2.3

zu Aufgabe 2.8

Beachten Sie, dass die Herstellkosten der produzierten Menge, dagegen die Vertriebskosten auch der verkauften Menge zuzurechnen sind.

- Variable Selbstkosten:
    - A 248,- EUR
    - B 304,- EUR
    - C 400,- EUR
- Volle Selbstkosten:
    - A 532,- EUR
    - B 536,- EUR
    - C 692,- EUR

zu Aufgabe 2.9

a) Summe der Gemeinkosten:
   - Fertigungskostenstelle A: 36.210,- EUR
   - Fertigungskostenstelle B: 20.930,- EUR
   - Materialkostenstelle: 5.200,- EUR
   - Verwaltungs- und Vertriebskostenstelle: 14.851,- EUR
- Zuschlagsätze:
   - Fertigungskostenstelle A: 300 %
   - Fertigungskostenstelle B: 230 %

Materialkostenstelle: 8 %
Verwaltungs- und Vertriebskostenstelle: 10 %

b) Herstellkosten: 28.887,92 EUR
Selbstkosten: 34.076,71 EUR

zu Aufgabe 2.10

a) - Summe der Gemeinkosten II:
Fertigung I: 256.000,- EUR
Fertigung II: 94.800,- EUR
Materialstelle: 15.600,- EUR
Verwaltungs- und Vertriebsstelle: 80.234,- EUR

- Zuschlagsätze:
Fertigung I: 200 %
Fertigung II: 120 %
Materialstelle: 10 %
Verwaltungs- und Vertriebsstelle: 11 %

b) Herauszurechnende Maschinenkosten: 102.400,- EUR
Restfertigungsgemeinkosten: 153.600,- EUR
Restfertigungsgemeinkostenzuschlagsatz: 120 %
Herstellungskosten: 29.860,- EUR
Selbstkosten: 33.144,60 EUR

zu Aufgabe 2.11

a) $H_1 \Rightarrow 100.000 \, q_1 = 20.000 + 10.000 \, q_1 + 80 \, q_2 + 50 \, q_3$
$H_2 \Rightarrow 2000 \, q_2 = 16.000 + 8000 \, q_1$
$H_3 \Rightarrow 500 \, q_3 = 50.000 + 10.000 \, q_1 + 220 q_2$

b) Zuschlagsätze
$K_I = 80 \%$
$K_{II} = 250 \%$
Materialstelle = 10 %
Verwaltung/Vertrieb = 7 %

c) Herstellkosten: 37.021,36 EUR
Selbstkosten: 43.012,85 EUR

zu Aufgabe 2.12

s. Kapitel 2.3.2 und 2.3.3

zu Aufgabe 2.13

GKV

- Bilanzsumme: 388.500,- EUR
- Betriebsgewinn: 79.500,- EUR

UKV

- Bilanzsumme: 370.500,- EUR
- Betriebsgewinn: 79.500,- EUR

zu Aufgabe 3.1

s. Kapitel 3.2 und 3.3

Denken Sie vor allem an die Proportionalisierung der Fixkosten und die Gemeinkostenschlüsselung.

zu Aufgabe 3.2

s. Kapitel 3.2

zu Aufgabe 3.3

a) Deckungsbeiträge
   - Zahnpasta: 3.100 EUR
   - Hautbalsam: 2.450 EUR
   - Sonnenlotion: 7.800 EUR

b) Nettobetriebserfolg: 6.450 EUR/Monat

c) Spezifischer Deckungsbeitrag
   - Zahnpasta: 2,21 EUR /min
   - Hautbalsam: 0,875 EUR /min
   - Sonnenlotion: 1,3 EUR /min

   Optimale Absatzmengen
   - Zahnpasta: 6.000 Stück
   - Hautbalsam: 0 Stück
   - Sonnenlotion: 3.000 Stück

   Nettobetriebserfolg: 10.200 EUR/Monat

zu Aufgabe 3.4

a) Ergebnis der Planperiode: 86.000 EUR

b) Zusatzauftrag wird nicht angenommen

c) Indifferent bei einem Preis/Stück von 2,15 EUR

zu Aufgabe 3.5

a) Gewinnmaximales Produktionsprogramm

	A	B	C	D	E
opt. Produktionsprogramm bei Eigenfertigung	500	-	600	250	700

b) Ersparnis bei Eigenfertigung: 3.700 EUR

zu Aufgabe 3.6

a) Gesamtdeckungsbeitrag: 2.333.800 EUR

b) Zusatzauftrag wird nicht angenommen mit
einer Preisuntergrenze von 60 EUR
einem zusätzlichen Deckungsbeitrag von 98.000 EUR

c) Zusatzauftrag wird nicht angenommen mit
einer Preisuntergrenze von 72 EUR
einem zusätzlichen Deckungsbeitrag von 50.000 EUR

d) Gesamtdeckungsbeitrag: 2.133.800 EUR
Opportunitätskostensatz 3 EUR

e) Zusatzauftrag wird nicht angenommen mit
einer Preisuntergrenze von 81 EUR
einem zusätzlichen Deckungsbeitrag von 14.000 EUR

f) Zielfunktion:

$10x_1 + 24x_2 + 24,40x_3 + 34x_4 + 31,80x_5 + 16x_6 + 13,50x_7 + 19,50x_8 - 1.633.800 \rightarrow$ Max!

Nebenbedingungen:

$10x_1 + 8x_2 + 4x_3 + 5x_4 + 6x_5 + 4x_6 + 3x_7 + 5x_8 \leq 448.000$ Min./Jahr

$x_1, ..., x_8 \geq 0$

$x_1 \leq 8'$, $x_2 \leq 10'$, $x_3 \leq 12'$, $x_4 \leq 10'$, $x_5 \leq 15'$, $x_6 \leq 25'$, $x_7 \leq 20'$, $x_8 \leq 12'$

Ganzzahligkeitsbedingung

zu Aufgabe 3.7

a) - Nettoerlöse minus variable Kosten = Deckungsbeitrag I

A	B	C	D
32.000,-	25.500,-	11.500,-	12.200,-

- Deckungsbeitrag I minus Produktfixkosten = Deckungsbeitrag II

A	B	C	D
11.500,-	10.500,-	-500,-	10.000,-

- Deckungsbeitrag II minus Produktgruppenfixkosten = Deckungsbeitrag III

A+B	C+D
2.000,-	8.000,-

- Deckungsbeitrag III minus Bereichs- und Unternehmensfixkosten
= Periodenerfolg   -5.000,-

b) - Eliminierung von C
- generelle Preiserhöhungen
- generelle Kostensenkungen
- evtl. Erhöhung der Absatzmengen

zu Aufgabe 3.8

a) - Vollkostenbasis: Betriebsgewinn: 79.500,- EUR
   - Teilkostenbasis: Betriebsgewinn: 64.500,- EUR

b) In der Vollkostenrechnung werden aufgrund $x_a \neq x_p$ mehr Fixkosten verrechnet als in der Teilkostenrechnung. Es hat offensichtlich eine Lagerbestandserhöhung stattgefunden ($x_p > x_a$). Wenn $x_a = x_p$ gilt, ergibt sich keine Differenz.

zu Aufgabe 3.9

a) Break-Even-Punkt $\hat{=}$ kritische Menge, bei der der Gewinn genau null ist; 250.000 Stück

b) - Break-Even-Umsatz 2.500.000,- EUR
   - Deckungsbeitrag 500.000,- EUR

zu Aufgabe 3.10

a) Kritische Menge (Break-Even-Punkt): 2.400 Stück

b) - Betriebsgewinn: 48.000,- EUR
   - Bilanzsumme Gesamtkostenverfahren: 321.250,- EUR
   - Bilanzsumme Umsatzkostenverfahren: 310.000,- EUR

zu Aufgabe 3.11

a) Optimales Produktionsprogramm:

A	B	C	D	E
200	100	200	100	100

Periodenerfolg: 700 EUR

b)

A	B	C	D	E
200	200	200	100	100

Abbau der kurzfristigen fixen Kosten (Bereitschaftskosten)

zu Aufgabe 3.12

s. Kapitel 3.5

zu Aufgabe 3.13

s. Kapitel 3.5.1.3

zu Aufgabe 3.14

a) $K_S = 20.000 + 60.000 \cdot \dfrac{x_i}{2.400}$

b) s. Kapitel 3.5.3.1

c) - Verbrauchsabweichung: 10.000,00 EUR
   - Beschäftigungsabweichung: 5.000,00 EUR

d) $K_S = 60.000 + \dfrac{x_i}{2.400}$

   Sollkosten   45.000,00 EUR

zu Aufgabe 3.15

a) verrechnete Plankosten: 9.000,00 EUR
b) Sollkosten: 9.500,00 EUR
c) Gesamtabweichung: 800,00 EUR
d) - Verbrauchsabweichung: 300,00 EUR
   - Beschäftigungsabweichung: 500,00 EUR

zu Aufgabe 3.16

Istmenge: 1.020
Istpreis: 11,50 EUR
Sekundärabweichung: 30,00 EUR
Gesamtabweichung: 1.750,00 EUR

zu Aufgabe 4.1

a) Zuschlagskalkulation:
   Selbstkosten Fenster: 983,53 EUR
   Selbstkosten Türen: 2.950,59 EUR
   Prozesskalkulation:
   Selbstkosten Fenster: 928,74 EUR
   Selbstkosten Türen: 3.407,16 EUR

b) Gesamtkosten nach der Prozesskostenrechnung: 300.000 EUR
   Tatsächliche Gesamtkosten: 400.000 EUR

zu Aufgabe 4.2

a)

Komponenten	Relative Kostenanteile (in %)	Relative Funktionsteilgewichte (in %)	Zielkostenindex
C_1 Schermesser	75,0	54,5	0,73
C_2 Griffe	20,0	17,5	0,88
C_3 Drehverbindung	5,0	28,0	5,6

Literaturverzeichnis

Coenenberg, Adolf Gerhard: Kostenrechnung und Kostenanalyse, 3. Aufl., Landsberg 1997.

Ebert, Günter: Kosten und Leistungsrechnung, 8. Aufl., Wiesbaden 1997.

Ewert, Ralf/Wagenhofer, Alfred: Interne Unternehmensrechnung, 4. Aufl., Berlin 2000.

Hummel, Siegfried/Männel, Wolfgang: Kostenrechnung Bd. 1 u. Bd. 2, 4. u 3. Aufl., Wiesbaden 1986 u. 1983.

Hoitsch, Hans-Jörg/Lingnau, Volker: Kosten- und Erlösrechnung, 3. Aufl., Berlin 1999.

Jost, Helmuth: Kosten und Leistungsrechnung, 7. Aufl., Wiesbaden 1996.

Kilger, Wolfgang: Flexible Plankostenrechnung und Deckungsbeitragsrechnung, 10. Aufl., Wiesbaden 1993.

Kilger, Wolfgang: Einführung in die Kostenrechnung, 3. Aufl., Wiesbaden 1987.

Küpper, Hans-Ulrich: Controlling, 2. Aufl., Stuttgart 1997.

Schweitzer, Marcell/Küpper, Hans-Ulrich: Systeme der Kosten- u. Erlösrechnung, 7. Aufl., München 1998.

Zimmermann, Gebhard: Grundzüge der Kostenrechnung, 7. Aufl., München 1997.

Sachverzeichnis

Abgaben an die öffentliche Hand 12, 21
Absatzengpass 61
Absatzerfolgsrechnung 45f., 57
Absatzmenge 51, 53, 62, 71
  - kritische 60f.
Abschreibung 17, 20, 50, 69f.
  - arithmetisch-degressive 18f.
  - degressive 18f.
  - geometrisch-degressive 18f.
- kalkulatorische 8, 13, 17, 20, 21, 24, 44
  - kalkulatorische 24
  - leistungsabhängige 20
  - lineare 18f.
  - progressive 18, 20
Abschreibungsverfahren 17, 18, 20
Abweichung
  - 1. Grades 84f.
  - 2. Grades 84ff.
Abweichungsanalyse 75f., 78ff.,
  - alternative 84f.
  - differenziert-kumulative 85
  - kumulative 84ff.
Abweichungsart 76, 79ff.
Abweichungsart 78, 79, 81, 82, 87
Äqivalenzziffernkalkulation, zweistufig 40
Äquivalenzziffer 39
Äquivalenzziffernkalkulation 36, 39
Allokationseffekt 95
Anbauverfahren 31f., 41, 44
Anderskosten 7f., 20f., 23
Anlagevermögen 24f.
Anschaffungskosten 8, 18, 20
Arbeitsstundensatz 44f.
Auflösung der Gemeinkosten 56
Auflösung der Gesamtkosten 55
Aufwand 4, 6ff., 10, 13, 21, 23
  - außerordentlicher 7
  - betriebsfremder 7
  - neutraler 7
  - periodenfremder 7
Ausbringungserfolgsrechnung 45
Auswertungsrechnung 6, 65, 66, 68f.
Auszahlung 6

Beiträge 21
Bereitschaftskosten 67, 70
Beschaffungspolitik 36
Beschäftigungsabweichung 74, 76, 80ff., 86f.
Bestandsänderung 45, 71
Bestandsbewertung 74
Bestandserhöhung 71
Bestandsmehrung 45, 71f.
Bestandsminderung 45, 71
Betriebsabrechnungsbogen 29, 32
Betriebsabrechnungsbogen (BAB) 30
Betriebserfolg 10, 45, 69
Betriebsergebnis 45, 46f., 51, 71f., 74
Betriebsgewinn 47
Betriebskontrolle 74
Betriebsmittelkosten 12, 21
Betriebsvergleich 5, 23
Bewertung der Bestände 36
Bezugsgröße 4, 13, 23, 27, 29, 40, 52, 55ff., 64ff., 70, 74
  - direkte 55
  - indirekte 55
Bezugsgrößenhierarchie 57, 66, 70
Bezugsgrößenwahl 55f.
Bilanz 24f.
Blockumlage 31
Branchenvergleich 23
Break-Even-Analyse 60
Break-Even-Punkt 60f.
budgetary-control 75
Budgetkostenrechnung 75

Deckungsbedarf 69
Deckungsbeitrag 11, 52f., 57ff., 69, 74
  - engpassbezogener 36, 52, 62, 69
  - engpassbezogener 62
  - relativer 62
  - relevanter 65, 69
  - spezifischer 62, 64, 69
Deckungsbeitragsrechnung 57, 64f., 68
  - mehrstufige 56ff., 64, 69, 74
Deckungsbudget 65
Degressionsbetrag 18

Degressionseffekt 96
Direct Costing 54, 56ff.
Divisionskalkulation 36ff.
  - einstufig 37f.
  - mehrstufig 38f.
  - zweistufig 38, 39
Durchschnittsprinzip 11
Durchschnittswertverzinsung 25

Eigenkapitalzinsen, kalkulatorische 8
Eigenmiete, kalkulatorische 8
Einnahme 6
Einzahlung 6
Einzelfertigung 37
Einzelkosten 11, 13f., 31, 36, 40ff., 49f., 55, 57, 69
  - relative 55ff., 64f., 68, 70, 110
Einzelkostenrechnung, relative 64f., 68ff., 74
Einzelwagnis 22
Endkostenstelle 28f., 31ff., 55
Engpass 52f., 60ff., 69, 73
Erfolgsbegriff 71
Erfolgskontrolle 36, 59, 69
Erfolgsneutralität 71
Erfolgsrechnung 4, 35, 46, 54, 57f., 71
  - einfach gestufte 58
  - kalkulatorische 45
  - kurzfristige 36, 45
Ergebnisanalyse 74
Ertrag 4, 6f., 21

Fertigungseinzelkosten 41ff.
Fertigungsengpass 62
Fertigungsgemeinkosten 42, 44f.
Fertigungslöhne 42
Festpreis 75f., 79
Fixkostendeckungsrechnung 56ff.
Fixkostenproportionalisierung 51, 65, 80f., 86
Fixkostenproportionalisierung 51f.
Fixkostenschicht 58f.
Fremdkapital 24
Fremdleistungskosten 21f.
Funktionsanteil 102

Gebühren 21
Gemeinkosten 11, 13f., 17, 28f., 31ff., 39ff., 49f., 52, 54ff., 65, 69, 73ff.
  - echte 13, 51, 65, 69f.
  - primäre 28, 31ff., 44
  - sekundäre 28, 32f.

  - unechte 13, 65
Gemeinkostenmanagement 95
Gemeinkostenschlüsselung 50f.
Gemeinkostenzuschlag 43
Gemeinkostenzuschlagssatz 40f.
Gesamtkostenverfahren 45ff., 72
Gewinn- und Verlustrechnung 46
Gewinnschwellenanalyse 60
Gewinnsteuern 21
Gleichungsverfahren, mathematisches 35
Grenzdeckungsbeitrag 64, 73
Grenzkosten 55, 57
Grenzkostenrechnung 57
Grenzkostenzuschlagssatz 54
Grenzplankostenrechnung 55f., 87
Grenzplankostenrechnung 58, 86f.
Grundkosten 7
Grundrechnung 65f., 68
Grundsatz der relevanten Kosten 60
Gutschrift-Lastschrift-Verfahren 34

Hauptkostenstelle 28, 50, 51
Herstellkosten 29, 36, 38, 40, 42, 44ff.
Hilfskostenstelle 28f., 31f., 34, 50

Identitätsprinzip 11, 64
Innenauftrag 29ff.
Intensitätsabweichung 82
Inventur 16, 46
Inventurmethode 15, 16
Investitionsrechnung 4
Ist-Beschäftigung 52, 78ff.
Istkostenrechnung 48, 74
Ist-Soll-Vergleich 84

Kalkulation 5, 12, 20, 27, 29, 32, 35ff., 39ff., 44, 52, 57
Kalkulationsobjekt 29, 36f., 39ff.
Kalkulationsverfahren 30, 37, 57
Kapital 23f., 26
  - betriebsnotwendiges 24, 26
Komplexitätseffekt 96
Kontrolle 4f., 9, 12, 27, 45f., 51f., 55, 58f., 68f., 75f., 78
  - der Kostenstelle 69
Kontrollprozess 78
Kosten 4ff., 15, 17, 20f., 24, 27ff., 36ff., 43ff., 54, 56f., 60, 63ff., 67, 69f., 72ff., 79, 110
  - aufwandsgleiche 12
  - fixe 13ff., 51ff., 63ff., 69, 71ff., 77, 80f., 86f.

- intervallfixe 14
- kalkulatorische 4, 7, 12, 20ff., 29ff., 34
- primäre 12f., 31
- proportionale 43, 78, 86f.
- sekundäre 12
- sprungfixe 14
- variable 13ff., 53ff., 62, 64f., 69ff., 73, 75, 77f., 80, 86, 110
- zeitlicher Bezug 48

Kosten- und Leistungsrechnung, 4ff., 110
Kostenabweichung 48, 80, 82f.
- spezielle 82
Kostenanlastungsprinzip 11
Kostenanteile 104
Kostenart 10, 12, 15, 27, 55, 59, 65ff., 77f., 110
Kostenartenrechnung 10ff., 36, 41, 47, 49f., 54
Kostenartenverfahren 30
Kostenarten-Zeitvergleich 12
Kostenauflösung 54f., 58, 77, 80
Kostenbegriff 8f., 70
- allgemeiner 8
- ausgabenorientierter 70
- entscheidungsorientierter 9, 64
- pagatorischer 8f.
- spezieller 8f.
- wertmäßiger 8f., 70
Kostenbudget 27
Kostenerfassung 11f.
Kostenfunktion 76f., 83
- lineare 57
- mehrdimensionale 83
- mehrvariablige 83
- nichtlineare 57
Kostenkategorie 21, 55, 65ff.
Kostenkontrolle 5, 27, 48, 51, 78, 84, 86
- Phasen der 78
Kostenplanung 27, 55f., 58, 76f., 83, 85
Kostensammelbogen 66
Kostenschlüssel 29
Kostenschlüsselungsproblem 29
Kostenstelle 10ff., 15, 27ff., 32, 34, 36f., 41, 44, 55f., 58f., 65f., 69, 75, 77f., 80, 82
Kostenstellenausgleichsverfahren 30
Kostenstellenbildung 27
Kostenstellengemeinkosten 50
Kostenstellenplan 78

Kostenstellenrechnung 10, 13, 27ff., 36f., 49f., 54f., 58f., 65f., 68f., 74f., 78, 110
Kostenstellenumlageverfahren 31
Kostenträger 10f., 14, 17, 27ff., 36f., 39ff., 44f., 48ff., 54f., 57, 65f., 69, 71, 75
Kostenträgereinzelkosten 41, 55
Kostenträgergemeinkosten 41, 51, 54f.
Kostenträgerrechnung 10, 12, 27, 29, 35f., 46, 49, 51, 57ff., 65f., 68f., 73, 75, 86, 110
Kostenträgerstückrechnung 10, 36, 57, 59, 60
Kostenträgerverfahren 31
Kostenträgerzeitrechnung 10, 36, 45, 57, 59, 60
Kostentreiber 91
Kostenverlauf
- degressiver 13f.
- progressiver 13f.
- proportionaler 13f.
Kostenverteilung 10f., 29
Kostenverursachung 27, 56
- heterogene 56
- homogene 56
Kostenzurechnungsprinzip 11
Kriterien zur Kostenstellenbildung 27
kurzfristige Erfolgsrechnung 45

Leerkosten 81
Leistung, 4, 6ff., 12f., 15, 17, 20, 31f., 36, 50, 56, 64f., 67, 71
- innerbetriebliche 30f., 34, 36
Leistungen 29
Leistungs- und Ausbeuteabweichung 82
Leistungsaustausch, innerbetrieblicher 13, 32ff.
Leistungskosten 65, 67, 69, 70
leistungsmengeninduzierte (lmi) 91
leistungsmengenneutrale (lmn) 91
Leistungsverflechtung, innerbetriebliche 30ff., 35
Leistungsverrechnung, innerbetriebliche 28f., 33f., 43, 50f.
Lieferantenkredit 24, 26
Lohn- und Gehaltsabrechnung 17
Losgröße 5, 82
Losgrößenabweichung 82

Maschinenstundensatz 44f., 51
Maschinenstundensatz-Rechnung 44, 51
Massenfertigung 37
Materialeinzelkosten 41f.
Materialgemeinkosten 42
Materialkosten 38
Mengenabweichung 79, 81, 83f., 86
Methode, retrograde 15f.
Miete
  - kalkulatorische 21
Mischungsabweichung 82

Nachkalkulation 36, 51
Nachrechnung 5, 48, 75
Nebenkostenstelle 28
Nettoerfolg 51f., 54, 62f.
Nettoerfolgsrechnung 51
Nettostückgewinn 52
Normalbeschäftigung 75, 79
Normalkostenrechnung 48
Normkostenrechnung 75
Nutzkosten 81

Opportunitätskosten 7, 9, 21, 64, 73
Opportunitätskostenprinzip 12, 21, 23
Optimalbeschäftigung 75, 79

Periodengemeinkosten 50
Personalkosten 12, 17
Planbeschäftigung 77, 79ff.
Planbeschäftigungsgrad 78
Planbezugsgröße 78f.
Plankosten 48, 51, 75ff., 86
  - verrechnete 80ff., 86
Plankostenrechnung 48, 57, 74f., 78, 81, 110
  - auf Teilkostenbasis 75, 82, 86
  - auf Vollkostenbasis 74f., 82, 86
  - flexible 74f., 79f., 82, 86
  - starre 74, 79f.
Plankostenverrechnungssatz 78
Planung 4f., 12, 45f., 48, 51f., 55, 68f., 75f.
Planungsinstrument 98f.
Preisabweichung 76, 78f., 83, 86
Preisfindung 63
  - kostenorientierte 63
  - marktorientierte 63
Preisgrenze 64, 73
Preiskalkulation 5, 52, 69
Preisobergrenze 5, 36, 64
Preispolitik 36, 69, 73, 78

Preisuntergrenze 5, 36, 57, 60, 63f.
  - absolute 64
Produktionsfaktor 4, 7f., 17, 21
Produktionskoeffizient 62, 64
Produktionsprogrammplanung 60f., 69
Prognosekostenrechnung 75f., 79
Programmplanung 52f., 57f., 73
Programmpolitik 36, 59, 78
Prozesse 89
Prozesskostenrechnung 88
Prozesskostensätze 91

Realgüterbewegung 4
Rechnungswesen 6f.
  - betriebliches 4
  - externes 4, 19, 66
  - internes 4, 19
Rechnungsziel 4ff., 73, 76
Rückrechnung 16

Selbstkosten 23, 36f., 39f., 42f., 46, 51f., 62, 74
Serienfertigung 37
Shareholder Value-Ansatz 110
Skontrationsmethode 15f.
Soll-Ist-Vergleich 5, 78
  - geschlossener 78
  - partieller 78
Sollkosten 51, 78, 81, 86f.
Sollkostenfunktion 80, 82
Sollverbrauchsmenge 15f.
Sonderrechnung 4, 74, 87
Sortenfertigung 37, 39
standard accounting 75
Standardkostenrechnung 75f., 79
Steuern 21
Steuerung 4f., 45f., 48, 51f., 73, 76, 110
Stromgrößen 24
Stück-Deckungsbeitrag 36, 61ff., 69
Stückkosten 36
Stufenleiterverfahren 32f., 35, 43

Target Costing 100
Teilabweichung 84ff.
Teilkostenrechnung 28, 49, 53ff., 63f., 70ff., 86f., 110
  - auf Basis relativer Einzelkosten 55f., 64, 70
  - auf Basis variabler Kosten 55ff., 60, 69f.
Teilkostenzuschlagssatz 54
Tragfähigkeitsprinzip 11

Sachverzeichnis

Treppenumlage 31

Umfang der Kostenzurechnung auf die Kostenträger 48f.
Umlaufvermögen 24f.
Umsatzkostenverfahren 45ff., 72
Unternehmerlohn, kalkulatorischer 8, 21f.
Unternehmerrisiko 22

Variator 77
Variatorenmethode 77
Verbrauchsabweichung 76, 81f., 85, 87
Verfahren
  - analytisches 76f.
  - der Kostenplanung 76f.
  - iteratives 34
  - statisches 76f.
Verfahrensabweichung 82
Vergleichbarkeitspostulat 17, 21
Vermögen, betriebsnotwendiges 6, 24ff.
Verrechnungspreis 5, 36
Verrechnungssatz, innerbetrieblicher 32ff., 44, 78
Verrechnungssatz, innerbetrieblicher 27
Verrechnungssatzkalkulation 44
Versicherung 22, 51
Vertriebsgemeinkosten 44
Vertriebskosten 12, 47
Verursachungsprinzip 11, 58
Verwaltungsgemeinkosten 42, 44
Verwaltungskosten 12, 47
Vollkostenrechnung 28, 49ff., 57, 59, 63, 70ff., 76, 87, 89ff., 94f., 97, 110
Vollkostenzuschlagssatz 54
Vorkalkulation 36

Vorkostenstelle 28, 31ff.
Vorrechnung 5, 48, 75

Wagnissatz 23
Wagnisse 22
  - kalkulatorische 8, 22f.
Wagnisverlust 23
Werkstoffkosten 12, 21
Werteverzehr 6, 11, 17f., 21f.
  - verbrauchsbedingter 17
  - wirtschaftlich bedingter 17
  - zeitlich bedingter 17
Wertpapiere 25f.
Wiederbeschaffungspreise 24
Wiederbeschaffungswert 8, 20
Wirtschaftlichkeit 5, 11, 28, 80, 85
  - mengenmäßige 75
  - wertmäßige 75
Wirtschaftlichkeitskontrolle 59

Zahlungsmittelbewegung 4
Zeitvergleich 5, 12
Zielkosten 101
Zielkostenerreichungsphase 103
Zielkostenfindungsphase 101
Zielkostenindex 104
Zielkostenkontrolldiagramm 106
Zielkostenmanagement 100
Zinsen, kalkulatorische 8, 23ff., 44
Zurechnungsobjekt 66
Zusatzkosten 7ff., 21f.
Zusatzprodukt 64
Zuschlagskalkulation 28, 36f., 40ff.
  - differenzierende 41
  - summarische 41
Zuschlagssatz 27, 29, 40, 44, 51f., 54f., 59
Zweckaufwand 7
Zwischenkalkulation 36

Buchanzeigen

Wirtschaftsenglisch up to date

Von Prof. Dr. Wilhelm Schäfer †
und Dr. Michael Schäfer
unter Mitarbeit von
Dr. Gabriele Strake-Behrendt

Wirtschaftswörterbuch

Band I: Englisch – Deutsch
6., überarbeitete und erweiterte Auflage. 1998
XV, 936 Seiten. Gebunden DM 118,–
ISBN 3-8006-2327-7

Band II: Deutsch – Englisch
6., überarbeitete und erweiterte Auflage. 2000
XV, 1003 Seiten. Gebunden DM 118,–
ISBN 3-8006-2452-4

WINDOWS-HYPERBOOK
Wirtschaftsenglisch

Elektronisches Wirtschaftswörterbuch
Englisch – Deutsch / Deutsch – Englisch
Version 3.0. 1999. CD-ROM mit Handbuch 16 Seiten.
DM 248,– ISBN 3-8006-2354-4

Das Buch

Mit mehr als 58.000 Stichwörtern in den Neuauflagen informiert »der Schäfer« umfassend und schnell. Das Fachwörterbuch deckt alle wichtigen Wirtschaftsbereiche ab, und berücksichtigt außerdem das wirtschaftlich relevante Recht ohne »Füllmaterial« aus der Umgangssprache. Alle Ausdrücke sind für den raschen und direkten Zugriff nach Anfangsbuchstaben geordnet – die Lektüre komplizierter Verweisungssysteme oder Benutzerhinweise ersparen Sie sich.

Die CD-ROM

Dieses elektronische Wirtschaftswörterbuch auf CD-ROM ist eine zweisprachige Datenbank mit jeweils weit **über 55000 Termini** aus 30 Fachgebieten der englischen und deutschen Wirtschaftssprache.
Die CD-ROM läuft als **32-Bit-Anwendung** unter Windows 95, Windows 98 oder Windows NT ab Version 4.0. Dadurch ist die Zusammenarbeit mit allen Textverarbeitungssystemen, die unter dieser Oberfläche ablaufen, gewährleistet.
Die an das »Look & Feel« der aktuellen Office-Anwendungen angepaßte Benutzeroberfläche ermöglicht eine intuitive Bedienung und macht die aussagekräftige Hilfsfunktion fast überflüssig.

Systemvoraussetzungen:
PC 80386 mit CD-ROM-Laufwerk, 8 MB Hauptspeicher (16 MB empfohlen für Windows 95/98, 32 MB empfohlen für Windows NT), Windows 95, Windows 98 oder Windows NT ab Version 4.0.

Die Empfehlung

»... kann man als gelungenen Einstieg in den Bereich der elektronischen Wörterbücher bezeichnen.«
(A. Schmitz, in: Zielsprache Englisch 2/1995 zum WINDOWS HYPERBOOK Version 1.0)

VERLAG VAHLEN
80791 MÜNCHEN
Fax: (089) 3 81 89-402
Internet: www.vahlen.de
E-Mail: bestellung@vahlen.de

neue lexika im taschenbuch

Hohlstein/Pflugmann/Sperber/Sprink
Lexikon der Volkswirtschaft
Über 2000 Begriffe für Studium und Beruf.
Von Prof. Dr. Michael Hohlstein, Dr. Barbara Pflugmann-Hohlstein, Prof. Dr. Herbert Sperber und Prof. Dr. Joachim Sprink
dtv-Band 5898
1. Auflage 2000. VI, 675 Seiten.
Kartoniert DM 26,90

Wacker/Seibold/Oblau
Lexikon der Steuern
Über 800 Stichwörter für Praxis und Studium.
Von StB Prof. Dr. Wilhelm H. Wacker, Dr. Sabine Seibold und Dipl.-Kfm. Markus Oblau
dtv-Band 5882
1. Auflage. 2000. XXVIII, 435 Seiten.
Kartoniert DM 24,50

Schneck
Lexikon der Betriebswirtschaft
Über 3000 grundlegende und aktuelle Begriffe für Studium und Beruf.
Herausgegeben von Prof. Dr. Ottmar Schneck
dtv-Band 5810
4., völlig überarbeitete und erweiterte Auflage. 2000. LVII, 1055 Seiten.
Kartoniert DM 36,50

Bestmann
Finanz- und Börsenlexikon
Über 3500 Begriffe für Studium und Praxis.
Von Prof. Dr. Uwe Bestmann
dtv-Band 5803
4., völlig überarbeitete und erweiterte Auflage. 2000. LXV, 934 Seiten.
Kartoniert DM 34,50

Rittershofer
Wirtschaftslexikon
Über 4000 Stichwörter für Studium und Praxis.
Von Werner Rittershofer
dtv-Band 50844
1. Auflage. 2000. LXII, 1074 Seiten.
Kartoniert DM 39,50

B/117361

Beck-Wirtschaftsberater im dtv